Meuterei-Erinnerungen

als persönliche Erinnerungen an den

großen Sepoy-Aufstand von 1857

ARD Mackenzie

Writat

Diese Ausgabe erschien im Jahr 2024

ISBN: 9789359943909

Herausgegeben von
Writat
E-Mail: info@writat.com

Inhalt

VORWORT.

Die auf den folgenden Seiten enthaltenen Erinnerungen wurden ursprünglich veröffentlicht in den Kolumnen des PIONEER ; *und mit freundlicher Genehmigung des Herausgebers dieser Zeitschrift bin ich in der Lage, sie in Form dieses kleinen Buches neu herauszugeben*
.

Sie erheben keinen Anspruch auf einen anderen Wert als den der Wahrheit. In dieser Hinsicht können sie behaupten, einen Bericht über tatsächliche Ereignisse zu liefern und so dem Leser, wenn auch unvollkommen, eine grobe Skizze des großen Indianeraufstands vorzulegen, wie er sich in den Augen eines jungen Subalternoffiziers der Indianerkavallerie darstellte, der das Glück hatte, an seiner Niederschlagung beteiligt zu sein.

I.
DER AUSBRUCH.

Beim Aufschreiben der Erinnerungen und Skizzen auf den folgenden Seiten besteht mein Ziel darin, bestimmte Episoden einer aufregenden Periode der indischen Militärgeschichte einfach und wahrheitsgetreu wiederzugeben.

Engländer können nie aufhören, sich für die Geschichte der großen Sepoy-Meuterei zu interessieren; und ich vertraue darauf, dass selbst ein so bescheidener Beitrag wie meiner zur Erzählung einiger seiner Details nicht als überflüssig angesehen werden darf. Oft wurde ich dazu gedrängt, einer Geschichte, die bei Walnüssen und Wein erzählt wurde, die Halbbeständigkeit von Druckertinte zu verleihen; und schließlich bin ich versucht, die erzwungene Muße auszunutzen, die mir durch die jüngsten Vorschriften aufgezwungen wurde, die die Amtszeit des Regimentskommandos begrenzen und mich unfreiwillig neben vielen anderen besseren Männern *platzieren retraite* , noch in der Blüte des Lebens und der Energie.

Wenn ich im Verlauf dieser Seiten gezwungen bin, über mich selbst und meine eigenen Taten zu sprechen, vertraue ich darauf, dass ich von der Anschuldigung befreit werde, von rühmlichen Motiven getrieben zu sein; und dass meine Entschuldigung in der offensichtlichen Unmöglichkeit zu finden ist, das erste Personalpronomen aus einer persönlichen Erzählung herauszuhalten. Dass ich in die Ereignisse verwickelt war, die ich beschreiben möchte, ist eindeutig ein Unfall, für den ich, auch wenn ich mich entschuldigen möchte , nicht verantwortlich bin; und wenn ich mich nicht damit beschäftigt hätte, hätte ich vielleicht viel weniger über sie gewusst. Ob das für einen *Erzähler* ein Vorteil oder das Gegenteil ist , ist natürlich Ansichtssache. Sicherlich wird ein Zeuge in seinen Aussagen viel weniger behindert, wenn er nicht durch die Tatsache eingeschränkt und gebunden wird, dass er tatsächlich an den in seiner Aussage beschriebenen Tatorten anwesend war. Seine Vorstellungskraft wird dadurch belebt und bereichert.

Obwohl ich oft versucht war, habe ich bisher davon Abstand genommen, Einzelheiten der Ereignisse während der Meuterei zu veröffentlichen, bei denen ich selbst anwesend war. Wie man sehen wird, handelt es sich bei diesen Einzelheiten um gewisse Korrekturen in Berichten, die mangels umfassenderer Informationen als vollständig angenommen wurden. Obwohl sie in den meisten Punkten vollkommen richtig sind, leiden sie dennoch unter Auslassungen, die ich ergänzen kann. Die Genauigkeit meiner Korrekturen lässt sich glücklicherweise hinreichend beweisen, da noch mehrere sehr angesehene Offiziere leben, die dies bezeugen können. In den meisten Fällen verfüge ich auch über schlüssige zeitgenössische dokumentarische Beweise.

Es ist nicht meine Absicht, dem Leser meine eigenen Ansichten über den Ursprung der Meuterei aufzudrängen. Ob die *fons et origo mali* tief verwurzelt war und sich langsam entwickelte – ob sie auf politische Unzufriedenheit über den Sturz des großen Mogulreichs , die Annexion von Oudh und die Degradierung des Königs von Delhi zur Marionette von John Company Bahadur zurückzuführen war – oder ob sie einfach aus dem übermäßigen und verhätschelten Wachstum der Sepoy-Armee entstand, die wie der Esel Jeshuron fett wurde und ausschlug, ist eine Frage, die oft von fähigeren Autoren als der meinen behandelt wurde. Es ist jedoch eine bedeutsame Tatsache, dass viele scharfsichtige Männer von Zeit zu Zeit Warnungen vor der Wahrscheinlichkeit einer solchen Katastrophe herausgegeben hatten.

Als der drohende Sturm schließlich losbrach, war mein Regiment, das ehemalige 3. Bengalische Leichte Kavallerieregiment, eines von denen, die in Meerut in den Aufstand ausbrachen. In seinen Reihen befanden sich neunzig Männer, die mit Vorderlader-Karabinern bewaffnet waren; und es waren diese Karabinerschützen, die die Autorität als erste in Aufruhr versetzten, indem sie sich weigerten, die ihnen zur Verfügung gestellten Patronen zu verwenden, mit der Begründung, dass sie vermuteten, dass das Schmierfett, das sie schmierte, aus Schweineschmalz bestand. Dieser Vorwand war auf den ersten Blick absurd, da die Patronen tatsächlich vom Regiment hergestellt worden waren und alle Männer ganz genau wussten, dass eine so harmlose Verbindung wie Bienenwachs und geklärte Butter als Schmiermittel verwendet worden war. In der gesamten bengalischen Eingeborenenarmee war jedoch das Gerücht verbreitet worden, die Patronen sollten den Test bestehen, wer stärker war – der Eingeborenensoldat oder die Regierung. Jeder erinnert sich an die mysteriösen „ Chuppatties " oder flachen Weizenkuchen, die kurz vor der Meuterei von Regiment zu Regiment kursierten. Die von ihnen übermittelte Botschaft ist den Engländern nicht klar geworden. Doch es besteht kein Zweifel daran, dass es sich dabei in gewisser Weise um ein von den Sepoys verstandenes Warnsignal handelte, sich auf kommende Ereignisse vorzubereiten.

Um zu testen, ob die Karabinerschützen seines Regiments bereit waren, Patronen abzufeuern, hielt Colonel Carmichael Smith, der Kommandeur der 3. Leichten Kavallerie, am 24. April 1857 eine Sonderparade ab. Nach einer erklärenden Rede, in der er den Männern die Grundlosigkeit ihrer Ängste klarmachte, befahl er ihnen, die Patronen abzufeuern. 85 von ihnen weigerten sich. Anschließend wurde ihr Verhalten untersucht und anschließend das unvermeidliche Kriegsgericht verhängt. Es konnte nur ein Urteil gefällt werden, und alle Schuldigen wurden zu zehn Jahren Gefängnis verurteilt. Für einige der jüngeren Soldaten wurde die Strafe von General

Hewett, dem Kommandeur der Meerut-Division, auf fünf Jahre reduziert. Am Morgen des 9. Mai marschierte die gesamte Garnison von Meerut zur Verlesung der Urteile. Anschließend wurde jedem Sträfling ein Paar Fußfesseln angelegt, die ihm an Ort und Stelle von Schmieden an den Knöcheln befestigt wurden.

In mürrischem Schweigen waren die beiden einheimischen Infanteriekorps, das 11. und das 20., sowie mein eigenes Regiment, das bei dieser Gelegenheit abgestiegen war, Zeugen der entwürdigenden Bestrafung. Es wäre Wahnsinn gewesen, wenn sie damals einen Rettungsversuch unternommen hätten; denn sie wären von den Kanonen der Artillerie und den Gewehren des 60. Infanterieregiments Ihrer Majestät vom Erdboden gefegt worden, ganz zu schweigen von den Schwertern der 6. Dragonergarde, den Karabinern, die alle mit Dienstmunition ausgestattet waren und waren in der Lage, die einheimischen Regimenter ihrer Gnade ausgeliefert zu haben.

Mehr als eine Stunde lang standen die Truppen bewegungslos da, ihre Nerven waren auf höchstem Niveau, während die Schwerverbrecherfesseln systematisch und notgedrungen langsam auf die Knöchel der elenden Verbrecher gehämmert wurden, wobei jeder der Reihe nach lautstark seine Kameraden um Hilfe rief und sie beschimpfte , in grimmiger Sprache, bald ihr Oberst, bald die Offiziere, aus denen das Kriegsgericht bestand, bald die Regierung. Aus den Reihen kam keine Reaktion. Die eindrucksvolle Zeremonie wurde ordnungsgemäß beendet. Die Gefangenen wurden von den Gefängnisbehörden und einer Wache einheimischer Infanterie betreut; und die Truppen marschierten zurück in ihre Quartiere. Ein paar Stunden lang war alles ruhig. Die Schlange der Aufsässigkeit wurde allem Anschein nach getötet, wenn nicht sogar getötet. Jeder hoffte, dass die strenge Lektion Wirkung gezeigt hatte; aber eine große Ernüchterung stand uns bevor.

Am Abend des nächsten Tages, dem denkwürdigen Sonntag, dem 10. Mai 1857, zu der Zeit, als die besseren Leute auf dem Weg zur Kirche waren, las ich in meinem eigenen Bungalow in aller Ruhe ein Buch, als mein Träger Sheodeen plötzlich ins Zimmer stürzte und rief, dass in den Reihen ein *Hulla-Goolla (in unserem Volksmund ein Aufruhr) im Gange sei, dass die Sepoys aufgestanden seien und den Sahiblogue* ermordeten . Den letzten Teil seiner Geschichte glaubte ich keinen Augenblick, obwohl die schnellen und häufigen Schüsse, die jetzt die Stille des Sabbatabends durchbrachen, die Wahrheit des ersten *Teils* nur zu deutlich machten. Der Gedanke, der mir durch den Kopf schoss, war, dass unsere Kavalleristen die einheimische Infanterie aus Rache für das Grinsen angriffen, mit dem diese anderen, wie wir alle wussten, seit der Strafparade ihre unterwürfige Apathie ausgelassen ausgepeitscht hatten, als sie ohne einen Rettungsversuch der Erniedrigung ihrer Kameraden zusahen. Ehrlich gesagt – so stark ist das Band der *Kameradschaft* – waren meine Sympathien alle in die falsche Richtung gerichtet; und insgeheim hätte ich mich gefreut, wenn die Beleidigung gerächt worden wäre. Ich zog eilig Uniform und Schwert an, sprang auf ein Pferd und galoppierte auf die Regimentslinien zu; aber ich war kaum aus dem Tor meines Lagers, als ich den englischen Quartermaster-Sergeant meines Regiments traf, der zu Fuß aus seinem Haus in den Linien um sein Leben floh.

„Oh Gott! Sir", rief er, „die Soldaten kommen, um uns aufzuschneiden." „Dann lasst uns zusammenhalten", antwortete ich; "zwei sind besser als einer." Einen Moment zögerte er. Dann, als er zurückblickte, überwältigte der Anblick einer kleinen Staubwolke, die sich aus der Ferne schnell näherte, seine Entschlossenheit, und er stürmte durch das Tor auf das Gelände meines Bungalows und erklomm die Mauer zwischen ihnen und denen des nächsten Hauses. Sofort griff ihn eine kleine Gruppe von *Budmashes an*, unter denen ich meinen eigenen Nachtwächter erkannte. Der Chowkidar stieß mit seinem Speer auf ihn ein, als er die Mauer überquerte, und schnitt ihm die Lippen auf. Zu meiner Freude feuerte er einen Lauf einer Waffe ab, die er bei sich trug, und erschoss das Tier. Dann ließ er sich auf der anderen Seite auf den Boden fallen und verschwand aus dem Blickfeld. Später wird man seine weiteren Abenteuer erfahren: denn ich freue mich, sagen zu können, dass er mit dem Leben davongekommen ist .

In diesem Moment stach ein mit einem Schwert bewaffneter Infanterie-Sepoy plötzlich mit seinem Schwert auf meinen Kopf ein. Ich hatte mein Schwert nicht gezogen und hatte gerade noch Zeit, meinem Pferd einen Sporn in die Flanke zu rammen und es fast auf meinen Feind zu drängen. Dadurch vereitelte ich seinen Schlag, und sein Tulwar verfehlte glücklicherweise sein Ziel und durchtrennte nur meine rechte Schulterpartie. Zu diesem Zeitpunkt hatte ich meine Waffe bereits aus der Scheide gezogen, aber der Sepoy lehnte weitere Schwertkämpfe ab und kletterte sofort über eine Mauer, die außerhalb meiner Reichweite lag. Als ich mich von ihm abwandte und die Straße hinunter zu den Stellungen blickte, sah ich, dass sie voller Kavalleristen war, die auf mich zugaloppierten. Selbst dann kam mir nicht in den Sinn, dass sie mir gegenüber feindselige Absichten hegen könnten. Ich rief ihnen zu, anzuhalten. Das taten sie und umzingelten mich; und bevor ich wusste, was geschah, wehrte ich, so gut ich konnte, einen heftigen Angriff vieler Klingen ab. Ein paar Augenblicke hätten mein Schicksal besiegelt, als der verstorbene Leutnant Craigie durch sein Tor ein Stück weiter die Straße hinunter kam und mir geradewegs zu Hilfe kam. Diese Ablenkung rettete mich. Die Soldaten zerstreuten sich an uns vorbei und machten sich auf den Weg zu den europäischen Stellungen. Es war jetzt nur zu klar, dass eine Meuterei, und zwar eine der schlimmsten Art, in vollem Gange war. Unsere Pflicht war klar, wenn auch sehr schwer zu erfüllen, denn in diesem Moment waren Leutnant Craigies Frau und meine Schwester zusammen in seiner Kutsche auf dem Weg zur Kirche, die in den europäischen Stellungen lag, und unser erster natürlicher Impuls war, ihnen nachzugaloppieren. Aber sie waren schon vor einiger Zeit aufgebrochen, und wir hofften, dass sie ihr Ziel bereits erreicht hatten und in Sicherheit unter den britischen Truppen waren. Militärische Disziplin fordert einen Soldaten manchmal bis zum Äußersten, und jetzt hatten wir das Gefühl, dass Frau und Schwester in Gottes Hände gegeben werden mussten und dass unser Platz unter den Meuternden auf dem Exerzierplatz war. Dorthin ritten wir, so schnell unsere Pferde uns tragen konnten, und fanden uns in einer Szene des größten Aufruhrs wieder. Die meisten Männer saßen bereits auf ihren Pferden und rannten wild umher, brüllten und fuchtelten mit ihren Schwertern, feuerten mit Karabinern und Pistolen in die Luft oder bildeten aufgeregte Gruppen. Andere sattelten eilig ihre Pferde und schlossen sich in rasender Eile ihren Kameraden an.

Fast jeder britische Offizier des Regiments kam zu Boden und nutzte jede erdenkliche Bitte und sogar Drohung, um die Ordnung wiederherzustellen, aber völlig wirkungslos. Zu ihrer Ehre muss gesagt werden, dass die Männer uns nicht angegriffen haben, sondern uns gewarnt haben, wegzugehen, indem sie geschrien haben, dass der Raj der Kompanie für immer vorbei sei ! Einige schienen sogar zu zögern, sich den lautesten Meuterern anzuschließen; und als Craigie dies bemerkte, schöpfte er die Hoffnung, dass sie vielleicht für uns gewonnen werden könnten. Er war ein ausgezeichneter Linguist und hatte großen Einfluss auf sie, und schließlich gelang es ihm, etwa vierzig oder fünfzig Soldaten dazu zu bringen, ihm zuzuhören und in einer Gruppe getrennt zu bleiben. Plötzlich erreichte uns das Gerücht , dass das Gefängnis angegriffen und die Gefangenen freigelassen würden . Craigie rief den verstorbenen Leutnant Melville Clarke und mich dazu auf, mit ihm zu kommen, und überredete die Gruppe, die er zusammengestellt hatte, ihm zu folgen, und wir machten uns auf den Weg zum Gefängnis. Die Straßen waren voll von aufgeregten Eingeborenen, die tatsächlich zustimmend brüllten, als wir durch sie fuhren, denn offensichtlich konnten sie in der Dämmerung die britischen Offiziere nicht erkennen und hielten die ganze Gruppe für eine Meutererbande. Wir drei Offiziere führten uns an, und als wir uns dem Gefängnis näherten, beschleunigten wir unser Tempo, bis wir aus einem flotten Trab in einen Galopp übergingen. Die Sepoys und der Mob hatten bereits mit ihrer zerstörerischen Arbeit begonnen. Rauchwolken auf allen Seiten markierten, wo Häuser in Brand gesteckt worden waren. Die Telegrafenleitungen waren durchtrennt, und ein schlaffer Draht, den ich nicht sah, als er über die Straße schwang, traf mich mit voller Wucht auf der Brust und warf mich in den Staub. Über meinen liegenden Körper strömte die ganze Kolonne unserer Anhänger, und ich erinnere mich noch gut an meine Gefühle, als ich zu den glänzenden Hufen aufblickte. Glücklicherweise wurde ich nicht verletzt, und nachdem ich mein Pferd wiedererlangt hatte, stieg ich wieder auf und hätte Craigie und Clarke bald fast überholt, als ich zu meinem Entsetzen sah, wie eine Sänfte, eine Art kastenförmige Kutsche mit venezianischen Seitenwänden, von ihr langsam vorwärts gezogen wurde Während neben ihm ein Soldat der 3. Kavallerie ritt und sein Schwert wiederholt durch das offene Fenster in den Körper seiner bereits toten Insassen rammte – einer unglücklichen Europäerin. Aber Nemesis war dem Mörder auf den Fersen. Einen Augenblick später versetzte Craigie ihm einen heftigen Schnitt in den Nacken, und Clarke rammte ihn durch den Körper. Der Unglückliche fiel tot um – das erste Sepoy-Opfer in Meerut, das dem Schwert des Bluträchers zum Opfer fiel. All dies geschah in Sekundenschnelle, und es lag außerhalb der Macht unserer Männer, es zu verhindern; aber das Schicksal ihres Kameraden erregte und verärgerte sie offenbar sehr. Unter ihnen waren Rufe wie „ *maro ! maro !* " („töte! töte!") zu hören, und wir alle dachten, das Ende nähere sich. Allerdings griff uns keiner der Männer an und nach wenigen Minuten erreichten wir das Gefängnis, mussten jedoch feststellen, dass wir zu spät kamen. Die Gefangenen strömten bereits heraus; Ihre Fesseln wurden vor unseren Augen von Schmieden abgeschlagen; und der Gefängniswärter der einheimischen Infanterie, der auf unserem Ritt dorthin ritt, beantwortete unsere Fragen, indem er auf uns schoss, glücklicherweise ohne jemanden von uns zu treffen. Es blieb nichts anderes übrig, als zum Quartier zurückzureiten.

Kaum hatten wir unsere Pferde gewendet, als uns das ganze Grauen dessen, was geschah, bewusst wurde. Die ganzen Kasernen schienen ein einziges Flammenmeer zu sein. Wenn wir vorher schnell geritten waren, so flohen wir jetzt; denn die dringendsten Ängste um die Sicherheit derer, die uns lieb waren, quälten uns fast bis zum Wahnsinn. Während wir dahinrasten, erlaubte mir Craigie, ihn zu verlassen und mich auf die Suche nach seiner Frau und meiner Schwester zu machen und jeden der Männer mitzunehmen, der mit mir gehen wollte. Ich hob mein Schwert und rief nach Freiwilligen, die meine Schwester retten sollten , und ein Dutzend von ihnen galoppierten hinter mir her. So schnell unsere Pferde galoppieren konnten , rasten wir dahin. Jedes Haus, an dem wir vorbeikamen, stand in Flammen, mein eigenes eingeschlossen, und mir sank das Herz. Nur Craigies Haus brannte nicht, als wir es erreichten – ein großes zweistöckiges Gebäude auf einem sehr weitläufigen Grundstück, umgeben, wie es damals üblich war, von einer Lehmmauer. Hier fand ich Mrs. Craigie und meine Schwester . Sie hatten die Kirche nie erreicht. Ihr Kutscher war aus Angst vor dem Mob umgekehrt. Als sie am Basar vorbeikamen, stürzte ein Soldat der 6. Dragonergarde aus einer Seitengasse, verfolgt von einer schreienden Menge. Die tapferen Damen hielten unter unmittelbarer Lebensgefahr die Kutsche an, nahmen ihn mit und fuhren mit voller Geschwindigkeit davon. Ein Stück weit folgten ihnen die blutrünstigen Schurken, die zu Fuß unterwegs waren und bald zurückgelassen wurden, allerdings erst, nachdem sie mit ihren Tulwars an mehreren Stellen die Motorhaube der Kutsche zerschnitten hatten, in vergeblichen Versuchen, die Insassen zu erreichen.

Es ist unmöglich zu begreifen , welche Schrecken diese Damen bis zu meiner Ankunft erlitten haben müssen. Jede Minute verzweifelten sie daran, die nächste zu überleben. Um sie herum Flammen brennender Häuser und Horden schreiender Dämonen! Obwohl sie nicht wussten, ob der Ehemann und der Bruder noch lebten oder tot waren – offenbar von Gott und Menschen verlassen – ohne Hoffnung auf Hilfe –, verzweifelten sie nie und verloren weder ihren Mut noch ihre Geistesgegenwart. Ihr erster Gedanke war gewesen, Craigies Waffen zu finden und sie dort zu platzieren, wo sie griffbereit wären, falls er oder ich jemals kämen. Sie hatten nichts übersehen. Drei doppelläufige Gewehre standen an der Wand, mit Pulverflasche, Kugeln und Zündhütchen. Sie waren nicht geladen, denn die Damen wussten nicht, wie man sie lädt; und der unglückliche Karabinerschütze war in einem Zustand des Nervenzusammenbruchs. So überglücklich und dankbar ich auch gegenüber der Vorsehung war, sie noch lebend und unverletzt vorzufinden, konnte ich ihnen nicht verheimlichen, dass die äußerste Gefahr noch lange nicht vorüber war und dass sie noch all ihren Mut brauchen würden. Die größte Gefahr, die ich instinktiv spürte, war die Unbeständigkeit meiner Männer, und ich entschloss mich zu einem verzweifelten Schlag. Ich brachte die Damen daher zur Tür des Hauses, und die Soldaten riefen mich herbei und vertrauten ihnen ihr Leben an. Es ist unmöglich, die raschen Gefühlsströme zu verstehen, die in Zeiten höchster Erregung die Herzen der Orientalen überfluten. Wie Wahnsinnige warfen sie sich von ihren Pferden und warfen sich vor den Damen nieder, packten sie an den Füßen und legten sie auf ihre Köpfe, während sie unter Tränen und Schluchzen schworen, ihr Leben mit ihrem eigenen zu schützen.

Durch diesen Ausbruch offensichtlich echter Emotionen sehr beruhigt, befahl ich nun den Männern, aufzusteigen und auf dem Gelände zu patrouillieren, während ich die Damen nach oben führte und dann alle Waffen mit Kugeln lud. Eine davon habe ich einzeln an die Wand gestellt. Lange danach, im ruhigen England, erzählte mir meine Schwester , die noch lebt, dass sowohl sie als auch Mrs. Craigie den heiligen Zweck, dem diese Waffe letztendlich gewidmet war, sehr gut verstanden hätten und dass dieses Wissen sie getröstet und gestärkt habe.

Durch die Fenster blitzte grelles Licht von den brennenden Häusern auf allen Seiten. Das Zischen und Knistern der brennenden Balken, das Geschrei des Pöbels, die häufigen scharfen Schüsse der Feuerwaffen – all das bildete ein wirres Gebrüll, dessen Schrecken die Nerven der Damen wohl überwältigt haben könnte ; doch in dieser schrecklichen Nacht lernte ich die stille Heldenhaftigkeit kennen, zu der unsere sanften Landsfrauen in der Stunde der Not fähig sind. Als ich auf die obere Veranda hinaustrat, wurde ich von einigen aus dem Pöbel gesehen, die das gegenüberliegende Haus zerstörten. „Da ist ein Feringi ", riefen sie; „lasst uns dieses große *Kothi* (Haus) niederbrennen", und einige von ihnen rannten mit brennenden Fackeln auf die Grenzmauer zu; doch als sie sahen, dass ich mein Gewehr auf sie richtete, überlegten sie es sich anders und wichen zurück. Mehr als einmal geschah dies. Es schien nur eine Frage der Zeit zu sein, bis unser Haus irgendwann in Brand gesteckt werden würde. Glücklicherweise erinnerte ich mich an die Existenz eines kleinen Hindu-Schreins auf dem Gelände, der aus massivem Mauerwerk auf einem hohen Sockel errichtet war und nur einen Eingang hatte, der über eine Stein- oder Ziegeltreppe erreichbar war. Wenn ich nur meine Schützlinge, die Gewehre und die Munition sicher über den offenen Platz zwischen uns und diesem Gebäude bringen konnte, war ich sicher, dass ich durchhalten konnte, bis Hilfe kam: denn sicherlich würde Hilfe bald kommen! Waren die 6. Dragoon Guards, die 60. Rifles und die berittenen Artilleriebatterien nicht nur ein paar Meilen entfernt?

Zu diesem Zeitpunkt freute uns die Ankunft von Leutnant Craigie, der, nachdem ich ihn verlassen hatte, zum Exerzierplatz zurückgekehrt war, wo der Aufruhr noch immer auf seinem Höhepunkt war, da die heldenhaften Bemühungen der britischen Offiziere, die Männer zur Vernunft zu bringen, völlig vergeblich waren. Als sie schließlich die Hoffnungslosigkeit weiterer Bemühungen erkannten und feststellten, dass die Männer immer unkontrollierbarer wurden, waren sie gezwungen, sich zurückzuziehen und zu den europäischen Linien zu gehen, wobei sie die nun für immer in Ungnade gefallenen Standarten des Regiments mitnahmen. Einer von ihnen, der verstorbene Major Fairlie, trug auch eine Kugel bei sich, die in seinem Sattelbaum steckte. Craigie machte sich dann unter großer Lebensgefahr auf den Weg zu uns, begleitet von einigen Männern, die ihn nie verlassen hatten. Er billigte meinen Plan herzlich, und nachdem ich ihn den Damen erklärt hatte, suchten sie rasch ein paar notwendige Kleidungsstücke usw. zusammen. und jede trug ihr Bündel und war, so weit wie möglich, unter einer dunklen Decke verborgen, während Craigie, der Karabiner und ich die Gewehre und die Munition trugen. Wir nutzten einen günstigen Moment und rannten schnell zu unserer neuen Festung.

Dort angekommen waren wir vor dem Ausbrennen und vor einem erfolgreichen Angriff jeglicher Art durch die feige Besatzung, mit der wir es zu tun hatten, sicher. Der Innenraum war sehr klein, wahrscheinlich etwa drei Quadratmeter. Vorne war die schmale Tür; und in den massiven Mauern befanden sich Schlitze, die wie Schießscharten aussahen, durch die wir beobachten konnten, ob Versuche unternommen wurden, sich dem Ort zu nähern. Hin und wieder brachten uns unsere Soldaten Neuigkeiten darüber, was vor sich ging. Die Nacht war noch nicht lange her, als man uns erzählte, dass offenbar die gesamte Gruppe der Meuterer, zu Pferd und zu Fuß, nach

Delhi abmarschiert sei. Ihr Angriff auf die europäischen Linien, falls sie überhaupt einen unternommen hatten, war eindeutig gescheitert; und die einzigen in Meerut verbliebenen Plünderer waren die Metzger und anderer Abschaum der Stadt und der Basare. Bald darauf ging einer unserer Männer zum gegenüberliegenden Haus, das zu diesem Zeitpunkt fast bis auf die Grundmauern niedergebrannt war. Er kam mit schrecklichen Neuigkeiten zurück. Er hatte die Leiche seiner Bewohnerin gefunden, einer Dame, deren Ehemann zum Zeitpunkt des Ausbruchs der Meuterei nicht im Europaviertel war. Sie war auf grausamste und brutalste Weise ermordet worden, und ihr ungeborenes Kind teilte ihr bedauernswertes Schicksal. Zur Bestätigung seiner Geschichte zeigte er uns einen Teil ihres Kleides, der nach Blut stank. Nicht weit von uns entfernt wurde eine andere Dame, die als Ayah verkleidet zu fliehen versuchte, als Europäerin erkannt und ermordet. Zwei zum Regiment gehörende Veterinärärzte waren – einer von ihnen zusammen mit seiner Frau – unter schrecklichen Umständen getötet worden. Sie lagen beide an Pocken erkrankt im Bett, als der Aufruhr der Menschenmenge sie aufschreckte; und sie kamen in ihren Nachthemden auf die Veranda, er trug eine mit Schrot geladene Waffe, die er auf die Menge abfeuerte, was sie nur noch wütender machte. Er wurde sofort erschossen. Seine Frau erlebte ein schlimmeres Schicksal. Die feigen Dämonen, die wegen der Ansteckungsgefahr Angst hatten, sie zu berühren, warfen brennende Fackeln nach ihr. Ihr Kleid fing Feuer; und sie kam so elend ums Leben. Mein eigener Hauskamerad, ein guter junger Offizier, war auf dem Weg zur Kirche überfallen und so in Stücke gehackt worden, dass er, abgesehen von seiner Länge – er war sehr groß – und den Fetzen seiner Uniform, die immer noch an ihm klebten, seine Überreste waren wären bei ihrer anschließenden Bergung nicht wiederzuerkennen gewesen. Ein armes kleines Mädchen, Tochter eines der britischen Unteroffiziere des Regiments, war durch einen Schwerthieb getötet worden, der ihren Schädel in zwei Teile schnitt. Szenen wie die oben genannten wurden überall in Meerut gespielt; aber ich werde dem Leser weitere Details ersparen. Auch wenn ihm das, was ich bereits geschrieben habe, widerwärtig ist, kann ich nur sagen, dass bloße Allgemeingültigkeiten, wie anschaulich sie auch sein mögen, nicht ausreichen, um ihm ein wahres Bild davon zu vermitteln, was nicht nur englische Männer, Frauen und Kinder durch die Meuterer erlitten haben in Meerut, aber fast überall im Nordwesten Indiens.

In diesen Tagen der Agitation für die Aufhebung des Waffengesetzes ist es gut, die in der Heimat gebliebenen Engländer daran zu erinnern, was einst geschah und was erneut geschehen könnte, wenn eine Welle politischer Unzufriedenheit oder religiösen Fanatismus unglücklicherweise erneut über das „Land des Bedauerns" hinwegfegen sollte.

Besorgt lauschten wir nun auf das Rasseln von Pferdehufen, das Grollen von Gewehren oder das Getrappel von Füßen, die uns zu Hilfe kamen – aber niemand kam! Stunde um Stunde verging – und noch immer konnte der Pöbel ungestört seinem Zerstörungs- und Mordwerk nachgehen. Später hörten wir, dass eine starke berittene Truppe ausgesandt worden war, um die Kasernen zu räumen und alle Überlebenden des Massakers zu retten; aber – es ist unglaublich, das zu erzählen – sie war von dem Stabsoffizier, der sie führen sollte, in die Irre geführt worden und erreichte nie ihr beabsichtigtes Ziel. Unter den Kavalleristen, die bei uns waren, befanden sich ein oder zwei Verräter, deren einziges Ziel darin bestand, die Loyalität der übrigen zu untergraben. Ein junger Rekrut, der vor kurzem in derselben Truppe wie ich die Reitschule durchlaufen hatte, kam zu mir, als ich in einer Gruppe von Männern außerhalb unserer Festung stand (denn Craigie und ich versuchten jetzt abwechselnd, sie zu beruhigen, indem wir uns unter sie mischten) und warnte mich, mich vor dem Havildar-Major in Acht zu nehmen, der, wie er sagte, in diesem Moment die anderen dazu gedrängt hatte, mich zu töten. Man kann sich gut vorstellen, dass ich danach sehr darauf achtete, ein wachsames Auge auf diesen Unteroffizier zu haben und ihn durch eine Berührung meiner Hand am Griff meines Schwertes wissen zu lassen, dass ich auf jede verdächtige Bewegung seinerseits vorbereitet war. Bald darauf ritten er und ein paar andere aus dem Tor, und wir sahen sie nicht mehr. Sie waren noch nicht lange weg, als ein Diener von Craigie, ein Hindu-Träger, in großer Aufregung auf uns zukam und uns die Nachricht brachte, dass eine Menge *Budmashes* durch das Tor käme. Er flehte uns an, ihm eines der Gewehre zu geben und ihn losgehen und auf sie schießen zu lassen. Ob klug oder nicht, wir taten es. Und fast unmittelbar danach hörten wir einen Knall, gefolgt von Schreien und Stöhnen. Nach ein paar Augenblicken kam der Träger zurück und gab uns die Waffe zurück. Er sagte, er habe ins „Braun" des vorrückenden Mobs geschossen und einen von ihnen niedergestreckt, während der Rest geflohen sei.

Es war nun etwa Mitternacht. Der Aufruhr legte sich und wir beschlossen, wenn möglich zu fliehen. Also spannten wir mit unseren eigenen Händen – die *Stallburschen* waren durchgebrannt – Craigies Pferde vor seine Kutsche, setzten die Damen und den Karabiner mit den drei Gewehren hinein, ließen einen einheimischen Jungen, der normalerweise als Postillion ritt und der glücklicherweise nicht mit den Stallburschen weggegangen war, auf eines der Pferde steigen und ritten los. Craigie und ich ritten mit gezogenen Schwertern neben der Kutsche her. Das war ein kritischer Moment. Eine Gruppe von Kavalleristen, die offensichtlich in ihren Absichten unentschlossen waren, besetzten die Straße vor uns und redeten und gestikulierten laut. Der Postillion zögerte; aber als wir drohten, ihm den Körper zu durchbohren, wenn er nicht sofort weitergaloppierte, fasste er sich ein Herz, peitschte seine Pferde, und im Nu waren wir durch die hinderliche

Gruppe hindurchgestürmt und hatten sie auseinandergetrieben. Wir rasten mit voller Geschwindigkeit die Allee entlang und über den Körper des Mannes hinweg, der von dem treuen Träger getötet worden war und der später als muslimischer Schlächter identifiziert wurde , eine Klasse von Männern, die zu den blutrünstigsten Akteuren dieser Nacht gehörten. Wir bogen aus dem Tor zu unserer Linken ab und gingen die Straße entlang zum Paradeplatz des Regiments, von dem sich eine fast ununterbrochene Ebene bis zu den europäischen Linien erstreckte. Wir fanden die Ebene verlassen vor und machten uns schnell auf den Weg, bis wir ein kurzes Stück gerader Straße erreichten, das zu den Ställen der Karabiner führte. Am anderen Ende sahen wir ein Licht, das wir richtig für eine Feuersalve hielten . Craigie und ich ließen den Postillon langsamer fahren, galoppierten vorwärts und riefen aus voller Kehle „Freund! Freund!"; und das taten wir auch gut; denn wir fanden an einer Stelle, wo eine Brücke über einen Nullah führte, einen Piquet mit einem Gewehr, das die Straße hinauf lief; und der befehlshabende Subalternoffizier sagte uns, er sei gerade dabei, auf unsere sich schnell nähernde Gruppe zu schießen, als ihn unsere Stimmen erreichten. Endlich – mit tiefer Dankbarkeit – fühlten wir, dass unsere Lieben wieder sicher unter unseren eigenen Landsleuten waren. Die Frau eines Sergeanten der Karabiniere gewährte den Damen freundlicherweise für den Rest der Nacht Unterschlupf; und Craigie und ich bezogen unser eigenes Heim im *Freien* .

Um auf die Abenteuer des Regimentsquartiermeisters zurückzukommen, nachdem er mich verlassen hatte. Blutüberströmt von der Wunde an seiner Lippe und mit der Waffe in der einen und dem Schwert in der anderen Hand bot er ein hinreichend erschreckendes Schauspiel, als er in ein Zimmer eines benachbarten Bungalows stürmte, in dem zwei junge Offiziere lebten, und sie warnte – immer noch unbewusst – von dem, was geschah. Sie verloren keinen Moment, als sie ihre Schwerter umschnallten und zu den Ställen stürmten. Dabei sahen sie, wie einer ihrer eigenen Syces mit einem Sattel auf dem Kopf davonlief. Sie konnten nur zwei andere Sättel finden; aber glücklicherweise hingen die Zaumzeuge für drei Pferde an ihren üblichen Haken. Sie zogen sie schnell an, stiegen auf, gaben dem Sergeant ein Tier mit nacktem Rücken und machten sich auf den Weg zu einem Tor. Es wurde von Meuterern blockiert. Sie wandten sich dem anderen zu: Auch dieser war blockiert. Ihr Leben schien verloren, als einer ihrer Diener, ein Straßenkehrer, der untersten und am meisten verachteten Kaste indischer Hausangestellter angehörte, ungeachtet der Gewissheit, dass sein eigenes Leben der Wut des von seiner Beute enttäuschten Pöbels geopfert werden würde, sie anflehte, ihm zu folgen ihn. Er rannte vor ihnen her und führte sie zur Rückseite der Nebengebäude und zeigte ihnen eine Lücke in der Mauer des „Geländes" [2] , die die Diener zu ihrer eigenen Bequemlichkeit geschaffen hatten. Durch diese Lücke galoppierten sie davon, entkamen den eiligen Schüssen, die hinter ihnen abgefeuert wurden, und erreichten schließlich in Sicherheit die Kaserne der 60. Infanteriedivision. Der Kehrer fiel der Wut der Verfolger zum Opfer. Er wurde in Stücke gehackt. Keine schönere Tat hat die dunklen Tage der „57er" jemals erhellt als die Selbstaufopferung dieses obskuren und namenlosen Helden.

FUSSNOTEN:

[1] Schurken.

[2] Der Name für das umzäunte Grundstück eines Hauses in den Nordwestprovinzen.

II

Geplänkel.

Bevor ich mit meiner Erzählung fortfahre, möchte ich besonders auf einen Umstand aufmerksam machen, der meines Wissens von jedem Historiker der Meuterei übersehen wurde. Wie ich damals erfuhr, hatten die Militärbehörden im Hinblick auf die länger werdenden Tage und die zunehmende Hitze der Jahreszeit dafür gesorgt, dass die abendliche Kirchenparade am 10. Mai 1857 eine halbe Stunde später als sonst stattfand. Ich bin fest davon überzeugt, dass uns diese Änderung vor einer schrecklichen Katastrophe bewahrt hat. Damals besuchten die britischen Truppen den Gottesdienst praktisch unbewaffnet, denn sie nahmen weder Gewehre noch Karabiner und Munition mit. Ihre einzigen Waffen waren ihre Seitenwaffen. Die Meuterer waren sich dieser Änderung natürlich nicht bewusst. Sie brachen eine halbe Stunde zu früh in den Aufstand aus. Hätten sie gewartet, bis die 60. Schützen sicher in der Kirche versammelt waren, was hätte sie daran hindern können, die kleinen Wachen mit den Gewehren und Pistolen zu überwältigen und die wehrlose Menge von Soldaten, die wie Schafe in vier Wänden eingepfercht waren, völlig zu vernichten. Die Vorsehung war uns wohlgesonnen. Als die ersten Kavallerie-Späher zu den europäischen Linien galoppierten, fanden sie die weißen Soldaten in ihren Paradepositionen vor. Als der Alarm ausbrach, war jeder Überraschungsversuch ausgeschlossen, und die Hoffnung auf ein leichtes Massaker verwandelte sich in Angst vor der schrecklichen Vergeltung, die die jetzt in Alarmbereitschaft befindlichen europäischen Truppen ihrer Meinung nach schnell verhängen würden. Diese Angst änderte alle ihre Pläne und beschleunigte ihre Flucht nach Delhi, die Sir John Kaye so anschaulich beschrieb; aber leider folgte keine schnelle Vergeltung.

Die 1.500 Mann starken europäischen Truppen waren durch die Unentschlossenheit ihres Anführers gelähmt . Hätten der tapfere Hearsey oder Sidney Cotton Hewetts Platz in Meerut besetzt, kann man mit Sicherheit sagen, dass trotz der Flügel, die die Angst den Meuterern auf ihrer Flucht nach Delhi verliehen hat, nur wenige von ihnen jemals diesen Zufluchtsort ihrer Hoffnungen erreicht hätten. Die Splitter der Artillerie und die Schwerter der Karabiner hätten sie vernichtet. Es ist wahr, dass die Generäle Hewett und Archdale Wilson am späten Abend die Truppen über die offene Ebene des Infanterie-Exerzierplatzes bewegten und dass sie im Dunkeln ein paar Schüsse auf einige verspätete Nachzügler der Kavallerie abfeuern ließen , in dem übrigens gesagt wurde, dass Schüsse beinahe einen Offizier meines Regiments, Leutnant Galloway, getötet hätten, der in einem Nebengebäude in der Schusslinie Zuflucht gesucht hatte; Doch anstatt selbst dann die Karabiner und eine Batterie berittener Artillerie zur Verfolgung der fliegenden Meuterer abzutrennen, folgte General Hewett dem unglücklichen Rat seines Brigadiers und zog die gesamte Streitmacht auf die europäischen Linien zurück. Es wurde nie ein in irgendeiner Hinsicht größerer Fehler begangen.

Es besteht kein Zweifel daran, dass das Angebot von Captain Rosser von der 6. Dragoon Guards, eine Schwadron und ein paar Kanonen zur Verfolgung mitzunehmen, tatsächlich gemacht und abgelehnt wurde; denn es war zu der Zeit wohlbekannt und wurde viel diskutiert. Es stimmt, dass der Colonel, der das Regiment kommandierte, nie von diesem Angebot erfuhr; aber es ist ebenso sicher, dass jemand den Fehler machte, nicht sofort Schritte zu unternehmen, um Colonel Custance davon in Kenntnis zu setzen. Die sofortige Bestrafung, die selbst eine so kleine Truppe hätte verhängen können, wäre sowohl für die Rebellen als auch für die Kleinmütigen unter uns von größter Bedeutung als Lehre gewesen; aber die Gelegenheit wurde absichtlich vertan; und die großartige Brigade britischer Truppen aller Waffengattungen, die sich später bei der Schlacht am Hindun mit Ruhm bekleckerte, Nuddee wurde in Delhi, in Lucknow und überall dort, wo seine Mitglieder auf den Feind trafen, nach Meerut zurückgeschickt und war für eine gewisse Zeit zu der demütigenden *Rolle* passiver Untätigkeit verurteilt.

So schwer es auch ist, die Beweggründe zu verstehen, die die Nerven von General Hewett lahmgelegt haben , und es unmöglich ist, sie zu entschuldigen, so bleibt doch zu hoffen, dass sich alle unsere Offiziere die Lektion zu Herzen genommen haben, die in der großen Schule der Sepoy-Meuterei so oft gelernt wurde, dass in im Umgang mit einem orientalischen Feind, *l'audace ! et toujours l'audace* ist nicht nur der soldatenhafteste, sondern auch der sicherste Weg zum Erfolg. „Schnell zuschlagen und hart zuschlagen" sollte ihr Motto sein. Immer wieder haben kleine Gruppen von Engländern unter den verzweifeltsten Umständen und trotz der schrecklichsten Widrigkeiten, indem sie nach dieser Maxime handelten, „die Blume sicher vor der Nesselgefahr gepflückt". Wenn der Tag kommt, wie er kommen wird, an dem wir Engländer erneut für die Erhaltung unseres indischen Reiches kämpfen müssen, wird die Sache nur dann zweifelhaft sein, wenn schüchterne und unentschlossene Ratschläge uns daran hindern, unsere ganze Kraft einzusetzen erste ernsthafte Symptome innerer Unzufriedenheit oder äußerer Bedrohung.

Während der nächsten Tage lag die Meerut-Garnison bewegungslos da. Weit davon entfernt, entfernte Erkundungen zu unternehmen oder aktive Anstrengungen zu unternehmen, um die umliegenden Bezirke wieder zur Ruhe zu bringen, wurde nicht einmal eine Strafe gegen die Stadt oder die Basare verhängt, die in der Nacht des 10. ihre Scharen von Mördern und Räubern ausströmten. Zwar wurden einige einzelne Plünderer gefangen und gehängt; aber dort hörten die Vergeltungsmaßnahmen auf. Die Häuser der

Eingeborenen, die von Plünderungen erstickt waren, wurden nicht durchsucht, und ihre Bewohner durften unbehelligt vor den Augen aller Menschen herumstolzieren und sich der Schande und des Chaos rühmen, die sie über die „Feringhi" angerichtet hatten.

Unsere Frauen und Kinder und unbewaffneten Zivilflüchtlinge wurden im „Dumdama" untergebracht, einem oft beschriebenen ummauerten Gelände. Die Generäle und ihre Stäbe sowie viele andere Offiziere suchten Zuflucht in einer Baracke, über der ordnungsgemäß eine Wache aufgestellt war. Piquets , sowohl im Innen- als auch im Außenbereich, wurden abkommandiert; und es wurden alle Vorkehrungen getroffen, um zu verhindern, dass die „Budmashes" des „Burra Bazar" oder die Goojars der Nachbardörfer die Quartiere stürmen !

Da selbst die tragischsten Ereignisse immer ein komisches Element aufweisen, möchte ich hier eine kleine Geschichte *über* Colonel Blank einschieben. Dieser tapfere Offizier erfreute sich eines langen und spärlichen Schnurrbarts, der bis zum Moment der Meuterei das glänzende Schwarz der Jugend behalten hatte. Ein paar Tage später fragte mich ein Offizier, der mich traf, ob ich die schreckliche Wirkung bemerkt hätte, die die jüngsten Ereignisse offensichtlich auf den Colonel gehabt hätten. „Armer Kerl!", sagte er, „sein Haar ist ganz weiß geworden!" Mein respektloses Lachen erstaunte und schockierte ihn. Er wusste nicht, dass das Erbleichen des Schnurrbarts des alten Herrn darauf zurückzuführen war, dass er nicht die Zeit oder die Geistesgegenwart gehabt hatte, bei seiner hastigen Flucht vor den Meuternden seine bewährte Flasche Haarfärbemittel mitzunehmen.

Nur wenige Nächte, nachdem die Generäle und andere Offiziere ihre Quartiere in der bereits erwähnten Kaserne bezogen hatten, litten sie unter einer Angst, die sich, wenn sie nicht dadurch weiß geworden wäre, leicht zu einer sehr ernsten Angelegenheit für ihre unschuldige Ursache entwickelt hätte. So geschah es. Es muss davon ausgegangen werden, dass an jeder Wand des langen Kasernenraums eine Reihe von Betten stand, in denen jeweils ein General, ein Stab oder zumindest ein Feldoffizier untergebracht war, von denen jeder seinen Kopf auf einem Kissen ruhte, unter dem ein … lag Revolver, während sein Schwert entweder auf einem Stuhl neben ihm ruhte oder an der Wand hing. Draußen stand eine Wache britischer Soldaten, und in unmittelbarer Nähe befanden sich etwa fünfzehn- oder sechzehnhundert weitere. Alles in allem ein so sicherer und gut bewachter Schlafsaal, wie man ihn sich nur vorstellen kann, und einer, in dem sich selbst das schüchternste und nervöseste Geschöpf ruhig den Armen von Morpheus anvertrauen kann. Nicht so, dachte einer seiner kriegerischen Bewohner. Waren nicht drei hinduistische Punkah-Kulis auf der Veranda und waren nicht ihr ganzes Leben diesen Schurken ausgeliefert? Zumindest war es angebracht , wachsam zu bleiben und das Leben aller unvorsichtigen Schläfer zu schützen, mit einem wachsamen Auge auf den Kuli, der sich am Punkah-Seil an einem Ende des Raumes abmühte. Er sollte dieser sein! So widmete er sich seiner Aufgabe, demonstrativ schnarchend und so tund, als sei er im Schlaf. Ein paar Stunden vergingen ohne Zwischenfälle; aber schließlich wurde seine Wachsamkeit gerechtfertigt und belohnt. Der Raufbold am Seil, der, obwohl die Möglichkeit bestand, dass eines seiner vorgeschlagenen Opfer noch wach sein könnte, die schweren Punkahs in gleichmäßigem Rhythmus gezogen hatte, begann nun, Schlaf zu simulieren und hörte in Abständen auf zu ziehen. Offensichtlich handelte es sich hierbei um eine tiefgründige und raffinierte List, um herauszufinden, ob das Aufhören der wehenden Brise vielleicht einen der Schläfer aufwecken könnte; aber keiner von ihnen rührte sich. Der Moment zum Handeln war eindeutig gekommen. Also hustete der blutrünstige Kuli ein- oder zweimal unterdrückt als Zeichen für seine beiden Verbündeten auf der Veranda; Da jedoch keine Antwort kam, bereitete er sich darauf vor, sie persönlich zu warnen. Als Vorsichtsmaßnahme legte er jedoch lautlos das Seil nieder, näherte sich den nächsten Schläfern und beugte sich über sie, um sich zu vergewissern, dass sie wirklich bewusstlos waren. Als er diesen Auftritt gegenüber unserem wachsamen Freund wiederholte, dem jetzt vor Entsetzen die Haare zu Berge standen, wurde er plötzlich von zwei Armen umklammert, die von der Kraft panischer Angst genervt waren, während laute Rufe „Ich habe!" ertönten ihn! Ich habe ihn!" hallte durch den Raum. Atemlos vor Aufregung erzählte der mutige Entführer seine spannende Geschichte und verlangte, dass die drei Schurken sofort hingerichtet werden sollten. Er lachte, um die plausible Geschichte seines Gefangenen zu verachten, die besagte, dass er länger als seine rechtmäßige Zeit am Punkah-Seil zurückgelassen worden sei, dass er gehustet habe, um die Aufmerksamkeit seines „ Bulee " oder Ablösekulis auf sich zu ziehen, dass er auf dieses Signal gestoßen sei Als ihm das nicht gelang, beschloss er, ihn abzuholen. aber *dur ki maree* , „die Angst, geschlagen zu werden", hatte ihn dazu gebracht, vorher sicherzustellen, dass keiner der „Sahibs" aufspringen und, *eher anglo-indisch* , ihn züchtigen würde. Zum Glück für den elenden Kuli wurde seine Erklärung nicht ohne großes Gelächter angenommen und er entkam dem Galgen; Aber nichts konnte seinen tapferen Häscher jemals davon überzeugen, dass er nicht durch seinen Mut und seine Geistesgegenwart ein schreckliches Massaker abgewendet hatte.

Demoralisierung zu übertreiben , die zu dieser Zeit die Nerven einiger der schwächeren unter uns zu überwältigen schien. Jeder Eingeborene war für seine aufgeregte Fantasie ein „Pandy". Mein treuer Träger, Sheodeen , verdankte der eleganten Drehung seines Turbans und der kriegerischen Art, wie er gewohnheitsmäßig seine Schnurrbärte kräuselte, ein sehr enges Interview mit dem Henker. Er wurde während meiner Abwesenheit verhaftet und wäre zweifellos kurz behandelt worden, wenn nicht ein Beamter, der ihn kannte, in aller Eile nach mir geschickt hätte. Mein dringender Rat an ihn nach dieser düsteren Erfahrung war, trotzdem seinen „ Puggrie " zu rollen , die Locken aus seinem Schnurrbart zu nehmen, seinen flotten, stolzierenden Gang aufzugeben und generell so gemein und schmutzig wie möglich auszusehen.

In der Nacht des 11. passierte mir ein Abenteuer, das ich damals nicht so recht erwähnte, das ich nun aber erzählen möchte. Ich hatte mir vorgenommen, auf eigene Faust ein wenig zu patrouillieren, und als ich in der Nähe des Haupttors des „ Dumdama " aufbrach, begegnete mir ein Trompeter namens Murray aus meinem eigenen Regiment. Als er aufs Pferd stieg , bat ich ihn, mich zu begleiten. Das tat er. Wir waren noch nicht weit gekommen, als wir in der Dämmerung undeutlich etwas sahen, das wie eine kleine Gruppe von Rebellen aussah, die vorsichtig auf einen Baum zuschlich, der dicht an der Mauer wuchs und ihnen eine gute Chance gab, sie erfolgreich zu erklimmen. „Werden Sie bei mir bleiben, Murray, und sie angreifen?", flüsterte ich. „Das werde ich, Sir", antwortete er. „Ich werde Ihnen bis zum letzten Tropfen meines Blutes beistehen." Also zogen wir unsere Schwerter, zogen ein paar Meter ruhig vorwärts, gaben unseren Pferden plötzlich die Sporen und stürmten los – zur Verwunderung und völligen Demoralisierung einer gefleckten Kuh, über deren Körper wir nur knapp dem „Unglück" entgingen und die, sobald sie wieder zu Sinnen kam, in die Dunkelheit davonrannte. „Mach dir keine Sorgen, Murray", sagte ich. „Es könnten die Pandies gewesen sein , weißt du. Wir werden einfach nichts darüber sagen – noch eine Weile." Armer Kerl! Er wurde nicht viele Tage später im tapferen Kampf am Hindun getötet. Nuddee .

Am Abend des 15. Mai marschierten die einheimischen Pioniere und Bergleute aus Roorkee in Meerut ein. Am nächsten Nachmittag geschah es, dass eine kleine Gruppe der treuen Überreste der 3. leichten Kavallerie, die im Begriff war, unter meinem Kommando zur Unterstützung der Zivilbehörden in einer benachbarten Station weiterzumachen, zur Inspektion durch den General beritten vorgeführt wurde zu der Baracke, in der er sein Quartier bezogen hatte, als ich aus der Richtung des Pionierlagers den Knall eines einzelnen Schusses hörte, dem schnell zwei oder drei weitere folgten; und sah bald, dass sich dort eine Szene der Verwirrung und des Aufruhrs abspielte. Ein Gerücht erreichte mich – wie ich mich nicht mehr erinnere – dass die Pioniere meutert hatten, Alfred Light, den Artillerieoffizier, der später so berühmt wurde, getötet hatten und im Begriff waren, in den Dschungel zu fliegen. Natürlich verlor ich keine Zeit damit, abzusteigen und in die Kaserne zu rennen, um General Hewett zu informieren, den ich im zerzausten Hemd und Schlafanzug vorfand .

Während ich dem verwirrten General Bericht erstattete, drängte sich Brigadier Archdale Wilson auf uns zu, schnallte sich seinen Schwertgürtel um und befahl mir, sofort aufzusitzen und den Pionieren zu folgen und sie in Sichtweite zu halten, bis er einige davon auftreiben konnte die Karabiner und Waffen. Zu diesem Zeitpunkt schwärmten die Pioniere, von denen ich fest überzeugt bin, dass sie zunächst nicht die geringste Absicht hatten zu meutern, sondern aus grundloser Furcht vor einem Angriff der europäischen Truppen plötzlich in Panik geraten waren, im Flug über die Ebene, einige in Uniform , einige in einheimischer Kleidung, aber alle mit ihren Musketen bewaffnet.

Der Schuss, den ich gehört hatte, war, wie ich später erfuhr, von einem Afghanen abgefeuert worden und hatte den kommandierenden Offizier, Major Fraser, getötet. Die Tat dieses einen Mannes gefährdete alle seine Kameraden. Wie loyal sie auch gewesen sein mochten, sie mussten doch das Gefühl gehabt haben, dass nun der Anschein so verhängnisvoll gegen sie war, dass man von den wütenden europäischen Truppen, die sie umzingelten, keine Gnade mehr erwarten konnte; und diese sofortige Flucht bot die einzige geringe Chance, der Zerstörung zu entkommen.

Als meine kleine Gruppe hinter ihnen hergaloppierte , wurde ich von einem Artillerieoffizier angehalten, der offensichtlich einen höheren Rang hatte als ich. Er befahl mir anzuhalten und fragte mich, wohin ich ginge. Ich sagte ihm, dass der Brigadegeneral mir befohlen hatte, den Pionieren zu folgen, die gemeutert und Alfred Light getötet hatten. „Das ist kaum möglich", sagte er, „da ich Alfred Light bin. Diese Pioniere meutern überhaupt nicht, sondern gehen mit Erlaubnis los, um ein benachbartes Dorf voller Budmashes zu zerstören . Bleiben Sie stehen, wo Sie sind. Ich übernehme die Verantwortung." Ich war ziemlich verblüfft über all das und machte ihm noch immer Vorwürfe, als der Brigadegeneral heranritt, wütend auf mich, weil ich angehalten hatte, und mir befahl, weiterzufahren. Ich war froh, Alfred Light die Frage meiner Verzögerung mit ihm klären zu lassen, und raste weiter, um ihn zu verfolgen. Bald holten wir etwa fünfzig Männer ein, die in einem von einer Mauer umgebenen Baumhain Zuflucht suchten; und dort bewachte ich sie bis zur Ankunft des Brigadegenerals mit einer Schwadron Karabiner und einigen Gewehren. Ein paar Schüsse wurden in das Wäldchen abgefeuert, aber ohne große Wirkung, und dann drangen abgestiegene Karabiner und eine Anzahl Offiziere in das Wäldchen ein und verfolgten die Pioniere von Baum zu Baum. Die armen Kerle kämpften mit der Energie der Verzweiflung. Es wurde keine Schonung gewährt und alle wurden vernichtet, außer zwei, die ich gefangen nahm und die, glaube ich, später im Dienst behielten und sich als absolut loyal erwiesen.

Am Ende dieser Angelegenheit bemerkte ich einen Mann, der sich durch den Hain zurückgezogen und hinter einer niedrigen Mauer auf der anderen Seite Zuflucht gesucht hatte, aus der er sich verriet, indem er auf uns schoss.

Als ich links um die Umzäunung herumritt und mich neben ihn stellte, erschien am anderen Ende der Mauer ein Kavallerist der Karabiner, und wir beide rannten im vollen Galopp auf ihn los. Der Pionier sprang auf und setzte sein Bajonett auf. Wir erreichten ihn fast im selben Moment. Als der Kavallerist sein Schwert hob, um einen schwungvollen Hieb zu landen, griff der Pionier ihn mit seinem Bajonett an und durchbohrte ihm die Brust, mit einem widerlichen, reißenden Geräusch, das mir noch heute in den Ohren klingt, während mein angestrengter Schwertarm das Bajonett um keinen Zentimeter erreichte und nicht hob. Bevor er das Bajonett herausziehen konnte, hatte ich ihm den Körper durchbohrt. Der erhobene Arm des Karabiners fiel herab, das Schwert glitt ihm aus der Hand, er taumelte einen Moment auf seinem Sattel und fiel dann tot zu Boden.

Ein Korrespondent schrieb an den *Pioneer*: „Der Karabinerschütze, der in der Sapper-Affäre vor den Toren Meeruts getötet wurde, war ein Kavallerist namens Frederick Kingsford, der ein ungeschultes Pferd ritt, das beim Angriff auf die Rebellen unsicher wurde. Er war der erste Mann, der bei der Meuterei im Kampf getötet wurde, obwohl schon vor diesem Tag viele Europäer gefallen waren."

Es war spät am Abend, als wir in die Quartiere zurückkehrten. Das Ziel meiner kleinen Gruppe, die am nächsten Morgen in den Bezirk aufbrechen sollte, wurde unerwartet geändert.

General Hewett hatte eine Nachricht von einer Gruppe Flüchtlinge aus Delhi erhalten, die in den Dschungeln in der Nähe von Delhi umherirrten und darum flehten, ihnen Hilfe zu schicken. Als ich davon hörte, hatte ich das Gefühl, dass man Frauen und Kinder unmöglich ihrem Schicksal bei den Rebellen überlassen konnte, ohne zumindest einen Versuch zu ihrer Rettung zu unternehmen. Also ging ich zu General Hewett und bot an, die Rettung mit 25 Mann aus den Überresten meines Regiments zu versuchen. Er fragte, ob es mir ernst sei, und sagte mir, dass die Flüchtlinge nicht weit von Delhi gekommen seien und dass er es für aussichtslos gehalten habe, eine Hilfstruppe zu schicken. Der auf Französisch verfasste Brief war unter einen Tisch geworfen worden, wo ich sah, wie er aufgehoben wurde. Der General gab mir dann die Erlaubnis, und am Vormittag des 17. brach meine Truppe auf. Auf unserem Weg aus Meerut trafen wir Leutnant Hugh Gough von unserem Regiment (jetzt Sir H. Gough, *VC*, *KCB*, Kommandeur der Lahore Division). Er erzählte mir, dass er gerade erfahren hatte, dass ich mich freiwillig zu diesem Dienst gemeldet hatte, und dass er mich nicht allein gehen lassen konnte. Also galoppierte er zurück, um seine Waffen zu holen, und begleitete mich auf diese äußerst galante und aufopferungsvolle Weise auf einem Auftrag, von dem wir beide ziemlich sicher waren, dass es unser letzter sein würde. Wir ritten den ganzen Tag und erwarteten jeden Moment, dass unsere Männer sich gegen uns wenden und nach Delhi abhauen würden. Die Versuchung muss für sie sehr groß gewesen sein, denn sie waren Zeugen der extremen Demoralisierung gewesen, die die Meuterei in Meerut verursacht hatte; aber glücklicherweise blieben sie standhaft. Nur einmal stießen wir in einem großen Dorf auf Widerstand, aber zum Glück hielten wir es für wahrscheinlich, dass die Einwohner über unsere französisch-grauen Uniformen beunruhigt waren und uns für eine Gruppe Meuternder auf der Pirsch hielten. Also hielten Gough und ich die Männer an und ritten allein weiter. Der Anblick unserer weißen Gesichter beruhigte die Dorfbewohner, und unsere Erklärungen beruhigten sie.

Spät am Abend erreichten wir das Dorf Hirchinpore , wo wir von Leuten auf den Feldern erfahren hatten, dass die Flüchtlinge zu finden waren. Wieder sorgten unsere hellgrauen Uniformen für Schrecken und Verwirrung. Das Tor eines ummauerten Geheges wurde uns vor der Nase zugeschlagen, und es war sehr schwierig, die Leute im Inneren glauben zu machen, dass wir Freunde waren. Als wir schließlich versprachen, die Männer draußen zu lassen, wurden Gough und ich eingelassen, und wir ritten hinein, nicht ohne den Verdacht, dass wir selbst in eine Falle geraten sein könnten. Wir fanden einen sehr düsteren alten Herrn namens Cohen, den Zemindar des Dorfes, einen orientalisierten Juden, glaube ich, der mit einem Gewehr in der Hand in der Tür saß und offensichtlich entschlossen war, im Falle eines Verrats sein Leben teuer zu verkaufen. Die Flüchtlinge, nach denen wir suchten, hatten sich in ihrer Verzweiflung in verschiedenen Verstecken versteckt, und als sie auftauchten, boten sie aufgrund der Strapazen, die sie durchgemacht hatten, einen bemitleidenswerten Anblick. Die ganze Nacht mussten wir dort bleiben, während Cohens Leute Karren sammelten, um die Frauen und Kinder zu transportieren. Wenn einer unserer Männer oder einer der Dorfbewohner abgehauen wäre und die Nachricht nach Delhi gebracht hätte, was für eine Beute in Hirchinpore zu machen war , hätten zwei oder drei Stunden unser Schicksal besiegelt. Aber wieder war uns die Vorsehung gnädig gesinnt, und früh am nächsten Morgen brach unsere kleine Karawane nach Meerut auf, wo wir noch in dieser Nacht sicher ankamen, und ich hatte die Freude, meine Schwester wiederzusehen, von der ich mich bei meiner Abreise nicht verabschieden konnte und die erst Meilen später von meiner Abreise erfahren hatte. Im Folgenden sind die Namen der Damen und Herren aufgeführt, aus denen die Gruppe der Flüchtlinge bestand:

1. Oberst Knyvett ,   38. Regiment, NI

2. Leutnant Salkeld,   Bengalische
                                       Ingenieure.

(An den Folgen von Verletzungen
gestorben, die er beim Angriff auf Delhi
erlitten hatte).

3. Leutnant Wilson,   Bengalische Artillerie.

4. " Montague M. Proctor,   38. NI

5. " H. Gambier,   38. NI

(An den Folgen von Verletzungen
gestorben, die er beim Angriff auf Delhi
erlitten hatte).

6. Kapitän G. Forrest, *VC*

(Gestorben an den Folgen der erlittenen
Verletzungen

Verteidigung des Delhi Magazine am 11.
Mai 1857).

7. Leutnant Vibart ,   54. NI

8. Frau Forrest.

9. Frau Fraser,   Witwe von Major
                                       Fraser,

                                       der getötet worden
                                       war

                                       Meerut von den
                                       meuternden
                                       Pionieren.

10. Miss Forrest.

11. „Annie Forrest.

12. „Eliza Forrest.

13. Herr Marshall   (Händler).

14
und   Zwei europäische Frauen, deren Namen
15.   ich nicht kenne.

Ich war sehr froh, mich an diesem Morgen mit der Aussicht auf eine gute Nachtruhe zurückziehen zu können, aber ich war noch nicht lange eingeschlafen, als der verstorbene Major Sanford, damals Leutnant in meinem alten Regiment und einer der galantesten Gentlemen, die je einen Schwertgürtel angelegt hatten, kam, mich weckte und mir erzählte, dass er sich freiwillig bereit erklärt hatte, Depeschen von General Hewett an den Oberbefehlshaber in Umballa zu überbringen. *über* Kurnal , und dass er wollte, dass ich ihn mit meiner kleinen treuen Truppe begleite. Natürlich stimmte ich zu und ging zu unseren Stellungen, wo die bereits müden Männer bereitwillig einwilligten, die neue und noch ermüdendere und möglicherweise gefährlichere Reise auf sich zu nehmen. Ihre Pferde waren jedoch ziemlich angeschlagen, also bat ich um die Erlaubnis, für sie 25 der teilweise zerschmetterten Ersatzpferde der Karabiner auszuwählen, und erhielt sie auch.

Früh am Morgen marschierten wir in lockerster Marschordnung, die jungen Pferde ärgerten sich heftig darüber, dass sie so unzeremoniell in die Reihen gedrängt wurden, bevor sie die Reitschule passierten. Auf den ersten paar Meilen herrschte in unserer kleinen Kolonne nicht viel Ordnung. Die halbwüchsigen Reiter, die sich aufbäumten, herumsprangen und herumstürmten, hatten so ziemlich ihren eigenen Willen, aber vor Einbruch der Dunkelheit waren sie ziemlich ruhig. Den ganzen Tag marschierten wir, die ganze Nacht und den ganzen nächsten Tag, und machten jeweils etwa eine Stunde Halt, wenn wir an einem Brunnen am Wegesrand die Pferde tränken konnten. Wir forderten unterwegs Getreidefutter für sie und Chuppatis für uns selbst an und gaben dafür ordnungsgemäß Quittungen aus. *Unterwegs* machten wir einen großen Umweg von der Straße in ein Viertel, wo wir den Befehl hatten, nach Packkamelen zu suchen, die wir beschlagnahmen sollten, wenn wir sie gefunden hätten; aber sie waren weg. Am zweiten Tag trafen wir den verstorbenen, tapferen Major (damals Leutnant) Hodson, der, eskortiert von einer Abteilung der Jhind Horse, seinen Ritt nach Meerut mit Depeschen von General Anson an General Hewett begonnen hatte und mit Depeschen von letzterem zum Armeehauptquartier zurückkehren sollte . Dieses Treffen war so unerwartet, dass jede Gruppe die andere zunächst für „ Moofsids " hielt, wie wir damals die Rebellen zu bezeichnen pflegten; aber wir erkannten bald unseren Irrtum. Hodson war natürlich sehr erleichtert, als er feststellte, dass die Straße vor ihm frei war, obwohl er zweifellos enttäuscht war, dass sein Auftrag verhindert wurde. Der Leser, der von Hodsons berühmtem Ritt nach Meerut gelesen hat und bis jetzt noch nie gehört hat, dass er von anderen vorweggenommen wurde, wird von dieser Erzählung wahrscheinlich überrascht sein, aber dennoch ist sie einfach wahr. Das Verdienst, die ersten Depeschen von Meerut nach Umballa überbracht zu haben , gebührt dem verstorbenen Major Sanford, der für mich und alle, die ihn kannten, ein Sinnbild für alles Edle, Tapfere und Bescheidene war; aber ach! seine Erinnerung ist in unseren Herzen begraben. Die Welt hat wenig von ihm gehört.

Am Abend kamen wir in Kurnal an , nachdem wir in weniger als 36 Stunden mehr als 90 Meilen zurückgelegt hatten; denn die gerade Straße zwischen Meerut und Kurnal ist 76 Meilen lang, und unser erfolgloser Umweg nach den Kamelen führte uns noch viele weitere Meilen. Sanford reiste sofort weiter nach Umballa und übergab seine Depeschen an General Anson. Er übernahm schließlich das Kommando über die Kavallerie des Führungskorps vor Delhi und behielt es bis zum Ende der Belagerung.

Meine kleine Gruppe wurde dann nicht nach Meerut zurückgeschickt, sondern zog mit der vorgeschobenen Truppengruppe nach Delhi, wo sie sich beim Sammeln von Vorräten und beim Erkunden nützlich machte. Unterwegs gelang es uns, mehrere Schurken zu fangen, die mörderische Verbrechen an unseren unglücklichen Landsleuten begangen hatten, als sie versuchten, aus Delhi zu fliehen . Ihnen wurde ein faires Verfahren zuteil; und diejenigen, die für schuldig befunden wurden, wurden ordnungsgemäß gehängt. Einer dieser Unglücklichen, der eines Nachmittags vor Gericht gestellt und verurteilt worden war, wurde anschließend bis zum Sonnenuntergang – der üblichen Stunde für Hinrichtungen – im Wachzelt der 1. bengalischen Füsilier eingesperrt, in dem sich bei dieser Gelegenheit zufällig ein weiterer Mieter befand, ein irischer Soldat, der dort gewesen war Trinken: „nicht klug, aber zu gut." Als die Gruppe des Propstmarschalls am Abend den verurteilten Verbrecher abholte , fanden sie ihn in einer traurigen Lage vor. Der halb nüchterne Ire flehte, dass sie ihn nicht mitnehmen würden. „Bedad", sagte er, „er war der unterhaltsamste Begleiter , den ich je hatte." Die „ Abweichung " war vielleicht etwas einseitig gewesen.

Eines Abends, kurz bevor die Truppe Alipore erreichte, wurde mir plötzlich befohlen, meine Gruppe *über* Bagput , denn der General erwartete ein Gefecht und war sich offensichtlich nicht sicher, ob man meinen Männern solch schwierige Umstände wie einen tatsächlichen Kampf gegen ihre alten Kameraden anvertrauen konnte. Zuvor war der arme General Anson, erschöpft von Angst und Erschöpfung, gestorben und General Barnard hatte das Kommando. In Begleitung des Generaladjutanten, Colonel Chester, und seines Dolmetschers, Captain Howell, inspizierte er meine kleine Gruppe bei der Parade, und nachdem er ihr Verhalten in den höchsten Tönen gelobt hatte, teilte er uns mit, dass er jedem einheimischen Mitglied für jede der beiden Expeditionen, an denen sie teilgenommen hatten, eine Stufe im materiellen Rang geben würde. Dann teilte er ihnen mit, dass er in Kürze mit den Rebellen zusammenstoßen würde und dass er, obwohl er keine Zweifel an ihrer Loyalität habe, nicht bereit sei, sie gegen Männer in Aktion zu schicken, die vor kurzem noch ihre Kameraden gewesen seien und ihrer eigenen Rasse und Religion angehörten. Deshalb habe er beschlossen, sie nach Meerut zurückzuschicken. Sie alle flehten darum, bleiben zu dürfen, damit sie ihre Loyalität auf dem Schlachtfeld beweisen könnten. aber der General ließ sich nicht von seinem Entschluss abbringen. Er war offensichtlich sehr bewegt, und einen Augenblick lang hoffte ich, er schwanke; aber dann wandte er sich ab, und zutiefst enttäuscht spürte ich, dass uns nichts anderes übrig blieb, als unsere Pferde nach Osten zu wenden und zur Fähre in Bagput zu fahren. Bevor General Barnard sein Versprechen einlösen konnte, fiel er der Cholera zum Opfer. Colonel Chester fiel im Kampf, und auch Captain Howell starb – ich glaube an der Cholera, dieser Plage des Lagers. So lag die ganze *Last auf meinen Schultern*, meinen Männern die Erfüllung des Versprechens des Generals zu gewährleisten – eine Aufgabe, die mir nach viel Mühe und Verzögerung glücklicherweise schließlich gelang.

Für den Abmarsch vom Boden und aus dem Lager waren keine Vorbereitungen nötig, da wir keinerlei Lagerausrüstung hatten. Man muss bedenken, dass all dies mitten im heißen Wetter vor den Regenfällen geschah; es war also keine Strapaze, im Freien auf dem Boden neben unseren Pferden zu schlafen, die ebenfalls keine Decken benötigten. Außer unseren Pferden, ihren Sätteln und Zügeln und unseren Waffen und der Kleidung auf unserem Rücken besaßen wir buchstäblich nichts auf der Welt.

Es dauerte also nicht lange, bis wir eine gute Distanz zwischen uns und unsere Kameraden gebracht hatten. Als die Dämmerung anbrach, kamen wir aus einem Wäldchen auf eine Ebene, auf deren anderer Seite der Fluss und die Bootsbrücke mit dem Dorf Bagput am gegenüberliegenden Ufer lagen. Zu unserem Entsetzen war die Brücke jedoch von einer starken Truppe anscheinend rebellischer Truppen besetzt, die unser Erscheinen in plötzliche Aufregung versetzte. Wir konnten sehen, wie Infanterie schnell heranrückte, Kavalleristen in rasender Eile aufstiegen und Kamele und Elefanten auf die Brücke zustürmten, um vor unserem erwarteten Ansturm zu fliehen. Es blieb kaum Zeit, um uns für eine Vorgehensweise zu entscheiden. Mit unseren müden Pferden war eine Flucht vor einer so starken Kavallerieeinheit hoffnungslos. Es blieb uns nichts anderes übrig, als die Brücke zu stürmen und auf das Glück und die Schnelligkeit unseres Angriffs zu vertrauen, um den Feind zu verwirren und zumindest einige von uns mit heiler Haut durchkommen zu lassen. Dies waren die Tage des Drills zu dritt. aber da ich annahm, dass auf der Brücke Platz für vier Mann nebeneinander sein würde, formierte ich meine Gruppe so schnell wie möglich zu dem, was man heute eine Kolonne von Vierergruppen nennen würde, und ritt im Galopp den Hang hinunter auf die Ebene, wobei wir unser Tempo steigerten, als wir uns der Brücke näherten. Zu meiner Freude und Überraschung schien der Feind völlig demoralisiert und in Verwirrung, und ich begann mir sicher zu sein, dass wir erfolgreich durch sie hindurchstürmen würden, als ich durch die Erscheinung eines weißen Gesichts erschreckt wurde, das mich hinter einer Masse von Steinen anstarrte, und den Ruf einer englischen Stimme, die mich anschrie, anzuhalten. Nie war ein Mensch erleichterter und froher, aus einer schrecklichen Lage herauszukommen. In der nächsten Sekunde hatte ich meine Gruppe angehalten, war über die Brücke geritten und sprach mit — —, einem Offizier, der mir mitteilte, dass er mit einer starken Truppe der Truppen des Raja von Jhind geschickt worden war, um die Brücke zu besetzen und sie bis auf Weiteres zu halten; aber er sagte, dass er nicht länger bleiben würde. Der Ort war viel zu nahe an Delhi und zu anfällig für plötzliche Angriffe, als dass er das gefiel, und der Schreck, den er durch das plötzliche Auftauchen meiner kleinen Gruppe bekommen hatte, gab seinem Entschluss den letzten Schliff. Er sagte, unsere französisch-grauen Uniformen und die Schnelligkeit unseres Angriffs hätten ihn davon überzeugt, dass wir die Vorhut einer großen feindlichen Truppe seien, und er habe sich verloren gegeben. Jedenfalls hatte er genug von Bagput und wollte sofort los. Vergeblich flehte ich ihn an, seine Abreise bis zum Abend zu verschieben, und wies darauf hin, dass meine Pferde völlig fertig seien und wir dort einige Stunden anhalten müssten, um uns auszuruhen und zu essen. Nichts konnte ihn bewegen, und so marschierte er auf der Stelle mit Sack und Pack davon und überließ uns uns selbst. Wir konnten deutlich die Kanonen eines Kampfes hören, der am Hindun stattgefunden haben musste. Nuddee ; und so müde wir auch waren, konnten wir uns nicht ausruhen. Am Nachmittag zogen wir weiter und marschierten am nächsten Morgen ohne weitere Zwischenfälle in Meerut ein.

III.
VOR DELHI.

Die nächsten Wochen vergingen bei mir recht ruhig. Der größte Teil der Garnison von Meerut war losgezogen, um die Belagerungstruppe in Delhi zu verstärken; und hatte unter Brigadegeneral Archdale Wilson an den hart umkämpften Schlachten am Hindun teilgenommen Nuddee wischte den Vorwurf der trägen Untätigkeit, den ihm General Hewett am 10. Mai auferlegt hatte, glorreich weg. Wir, die wir in Meerut untätig herumlaufen mussten, verbrachten die meiste Zeit damit, Himmel und Erde zu versetzen, um zur Armee in Delhi versetzt zu werden. Endlich war für mich der entscheidende Tag gekommen. Mein Freund und Kamerad, Kapitän Sanford, war zum Oberbefehlshaber der Kavallerie des Guides Corps ernannt worden, und er verlor keine Zeit, mir zu schreiben und zu versprechen, dass er es schaffen würde, mich zu bekommen, wenn ich nach Delhi gelangen könnte dem Regiment zugeteilt. In diesem Moment lag ich mit einem Anflug von Fieber da, wahrscheinlich aufgrund einer früheren Exposition; Aber ich brauchte nicht lange, um mich beim Stabsoffizier der Garnison zu melden und ihm Sanfords Brief zu zeigen, wobei ich sehr darauf achtete, ihn nicht daran zu erinnern, dass ich auf der Krankenliste stand – ein Umstand, den er glücklicherweise übersah. An diesem Nachmittag nahm ich freudig Abschied vom Doktor und machte mich in Begleitung eines halben Dutzend anderer Offiziere, die ebenfalls auf dem Weg zur Delhi-Streitmacht waren, auf den gut bekannten Weg zurück nach Bagput . Wir marschierten nachts und dachten, dass wir dann mit größerer Wahrscheinlichkeit als tagsüber einer Begegnung mit umherstreifenden Rebellen- oder Goojar- Truppen entgehen würden . Der Bezirk zwischen Meerut und Bagput wurde von letzteren heimgesucht, einem Stamm erblicher Krimineller, deren Hauptvergnügen in friedlichen Zeiten darin zu bestehen scheint, gegen das Strafgesetzbuch zu verstoßen, während sie unruhige Zeiten stets ausnutzen, um ihren tief verwurzelten Interessen bis zum Äußersten nachzugehen räuberische Neigungen. Obwohl unsere Gruppe klein war, achteten wir darauf, alle praktischen Vorsichtsmaßnahmen zu treffen. Da ich die Straße kannte, wurde ich als Späher vorausgeschickt, während an jeder Flanke ein anderer Offizier ritt und die Haupttruppe aus drei oder vier Männern bestand, von denen ein weiterer nach hinten abkommandiert wurde. In dieser Reihenfolge ritten wir die ganze Nacht, glücklicherweise ohne Abenteuer; und im grauen Morgengrauen erreichten wir Bagput .

Die Bootsbrücke war entfernt worden, und wir überquerten den Fluss in einer großen Fähre mit flachem Boden. Hier hatten wir das Pech, eines unserer Pferde zu verlieren, das Kapitän Craigie von meinem Regiment gehörte. Sein Besitzer hatte es versäumt, das ziemlich enge Stehmartingal zu öffnen, das er immer benutzte; Dies behinderte das Tier, als es versuchte, in das Boot zu springen, und führte dazu, dass es in das tiefe Wasser zwischen ihm und dem Ufer fiel. Selbst jetzt wäre alles in Ordnung gewesen, wenn es nicht dieses unglückliche Martingal gegeben hätte, das das kämpfende Pferd völlig am Schwimmen hinderte und seine Nase hoffnungslos unter Wasser hielt, bis es ertrank, ohne dass ihm geholfen werden konnte. In wenigen Augenblicken sank das arme Pferd und trug Craigies Sattel und Zaumzeug sowie einen Revolver, der in einem der Holster steckte, mit sich. Die Bemühungen einiger einheimischer Taucher, den Sattel usw. wiederzugewinnen, blieben erfolglos; und wir mussten das Unterfangen aufgeben , uns für Craigie einen „Landmann" ausleihen und den Fluss überqueren. Als wir das gegenüberliegende Ufer erreichten , hörten wir Rufe von der Bagput- Seite und sahen Männer, die den Sattel und den Revolver hochhielten, die sie aufgefischt hatten. Das war jedoch das letzte Mal, dass Craigie sein Anwesen sah. Als wir den Sandstreifen am anderen Ufer überquerten , entgingen wir knapp einem weiteren Unfall; Denn einer aus unserer Gruppe geriet in Treibsand, und für einige Augenblicke waren Pferd und Mann ernsthaft in Gefahr, verschluckt zu werden. Endlich machten wir uns jedoch alle sicher auf den Weg und setzten die zweite Hälfte unserer Reise fort.

Nie werde ich den Moment vergessen, als von einer Anhöhe aus die düsteren Mauern Delhis und die weißen Zelte der Belagerungstruppen in Sicht kamen.

So weit erstreckte sich die riesige Stadt − so kümmerlich und winzig im Vergleich dazu war das Lager, das sich unter dem berühmten „Bergrücken" schmiegte! Wirklich ein Anblick, der das Herz mit jubelndem Stolz erfüllt; denn wir wussten, dass die Männer in diesem Zelt sicher waren, eines Tages vor Ablauf vieler Wochen die gewaltigen Mauern der großen Festung zu stürmen und die britische Flagge im Triumph in ihre innerste Zitadelle zu tragen. Keiner von uns hatte damals auch nur den Hauch eines Zweifels am endgültigen Erfolg unserer Waffen im Kopf. Der unverschämte Glaube an die Unwiderstehlichkeit des *Furors Britannicus* hatte damals keinem der heftigen Erschütterungen ausgesetzt, die ihn in den letzten Tagen etwas erschüttert haben, trotz einer Armee, die aus Soldaten mit kurzer Dienstzeit und von Führern bestand, die bis zu einem Höchstmaß an theoretischer Perfektion ausgebildet waren die Professoren des Staff College.

Gleich nach unserer Ankunft im Lager meldete ich mich bei Sir Henry Norman, dem damaligen stellvertretenden Generaladjutanten der Truppe und, so glaube ich, im Rang eines Hauptmanns. Wenige Stunden später wurde ich der Kavallerie der Guides zugeteilt. Der berühmte Gewaltmarsch dieses großartigen Korps unter Daly von Hoti Murdan nach Delhi ist ein historischer Akt und kann nie vergessen werden. Die ehrenvolle Liste der Verluste an Offizieren und Männern während der Belagerung ist auf einer Tafel an der Wand des Gedenkturms auf dem Ridge verzeichnet.

Ich habe nicht vor, die Geduld des Lesers mit der oft erzählten Geschichte der Belagerung zu strapazieren. Diese Aufgabe wurde von weitaus fähigeren Autoren als der meinen erfüllt. Es genügt mir, wenn ich versuche , zwei oder drei der kleineren Episoden zu skizzieren, bei denen ich dabei war und die mir malerisch oder interessant erschienen.

Wie man sich leicht vorstellen kann, verbrachten wir einen Großteil unserer Zeit in der Kavallerieabteilung mit Wachdienst oder Außenpostendienst. Einer dieser Außenposten, an einem Ort namens Azadpore , ganz weit hinten rechts von unserer Stellung, war besonders anfällig für Angriffe, da er ziemlich „in der Luft“ lag und ein verlockendes Objekt für einen plötzlichen Angriff einer großen feindlichen Truppe bot. Eines Nachmittags, als mein kommandierender Offizier, Captain Sanford, und ich dienstfrei hatten und aufstiegen, um einen ruhigen Ausritt zu genießen, bemerkten wir einen großen Tumult in Richtung Azadpore . Staubwolken wirbelten schnell durch die Luft! Kamele und Ponys von Grasschneidern flogen wild auf das Lager zu! Offensichtlich stimmte etwas nicht! „Galoppiere zu den Linien. Blöke die Stiefel und Sättel und steige auf“, war der Befehl, den Captain Sanford mir gab, während er in die Staubwolken davonraste, um die Lage zu erkunden . Augenblicklich verwandelte sich die Stille unseres Lagers in eine Szene des lebhaftesten Treibens. Pferde wurden gesattelt – Männer purzelten aus ihren Zelten – schnallten sich an – sprangen auf ihre Pferde und „fielen hinein“ – all dies in rasender Eile – als Sanford zurückkam und mir zurief: „Bring so viele Männer mit, wie aufgestiegen sind. Kümmere dich nicht ums Ausrufen. Die Azadpore -Pikket wird zurückgetrieben.“ Zu diesem Zeitpunkt saßen nicht mehr als 20 oder 25 Männer in ihren Sätteln, und wir jagten Sanford mit aller Kraft nach, während der Rest des Regiments folgen sollte, sobald er zusammengekommen war. Durch die fliehenden Tiere und Lagerfolger, von denen viele verwundet waren, galoppierten wir dahin und blickten angestrengt in die Ferne; und plötzlich sahen wir, wie die Piket, umgeben von Wolken der Rebellenpferde, langsam zurückgetrieben wurde, hartnäckig kämpfte und jeden Zoll Boden umkämpfte. Als wir in Sichtweite kamen , löste sich der Feind mehr oder weniger von der Piket und versuchte, sich in Formation zu begeben, um unserem Angriff entgegenzutreten. Es müssen mehrere Hundert gewesen sein. Das ganze Gebiet vor uns schien von ihnen wimmeln zu müssen, und ich muss gestehen, dass mir das Herz in die Hose rutschte, als der tapfere Sanford, anstatt auf die Verstärkung zu warten, die dicht hinter uns gewesen sein musste, einfach das Tempo erhöhte und offensichtlich vorhatte, unsere kleine Gruppe geradewegs in die überwältigende Masse vor uns zu schleudern. „Diesmal liegt alles an euch", rief ich mir selbst zu, aber „es muss sein", wenn – der eigene Kommandeur führt! Also biss ich die Zähne zusammen und beschloss, das Beste aus einer schlechten Situation zu machen. Konnte ich meinen Augen trauen? Die dichte Masse, die begonnen hatte, gegen uns vorzurücken, verlangsamte ihr Tempo auf Schrittgeschwindigkeit – hielt an – schwankte – und zerstreute sich schließlich! Mit einem Brüllen stürmten wir auf sie zu. Unser Tempo war so hoch, dass es ihnen unmöglich war, rechtzeitig Dampf abzulassen, um unserem Ansturm zu entkommen. Die Wachmannschaft schloss sich an – unsere eigenen Verstärkungen holten uns ein – und dann sahen wir auf dieser Ebene einen so schönen Schwertkampf, wie ihn noch nie das Herz eines Reiters erfreut hat. Es war kein Versuch möglich, die Ordnung aufrechtzuerhalten. Als die „ Pandies " auseinanderstießen, taten wir es auch, jeder Mann suchte sich sein Opfer aus. Das Gemetzel des Feindes war beträchtlich, die Verluste auf unserer Seite äußerst gering. Während die erbitterte Verfolgung weiterging, bemerkten wir, dass die Massen der fliehenden Meuterer sich vor uns verdichteten und sich allmählich an einem Punkt konzentrierten. Offenbar verhinderte irgendein Hindernis ihre Flucht an die Flanken. Schließlich drängte sich ein riesiger lebendiger Keil aus verzweifelten, zappelnden, panischen Männern und Pferden zusammen, eingezwängt zwischen einem tiefen Kanal und einem gemauerten Aquädukt, der ihn im rechten Winkel kreuzte. In diese feste Masse einzudringen war unmöglich, aber der äußere Rand wurde von den *Tulwars unserer Männer niedergemäht. Vor Delhi wurde nie Gnade gewährt oder gewährt. Wenn die Meuterer* grausam wie die wildesten wilden Tiere gewesen waren , so furchtbar war die Rache, die unsere wütenden Truppen oft und oft an ihnen übten.

Dort, wo das Aquädukt den Kanal kreuzte , war es teilweise zerstört, und auf den Massen eingestürzten Mauerwerks konnte sich gerade noch ein Reiter nach dem anderen seinen Weg hinüber bahnen; wo aber einer entkam, wurden viele von der zappelnden Menge niedergeworfen und zertrampelt. Für den Feind, der auf den Überraschungsangriff der Azadpore aus war , war es vergleichsweise leicht gewesen, sich in einer Reihe hinüberzuschleichen; aber für eine verwirrte und verängstigte Menge war es etwas ganz anderes, sich ihren Weg hinüber zu bahnen. An dieser Stelle kam es zu einem großen Gemetzel, und viele drehten sich in ihrer Verzweiflung um und griffen ihre Verfolger an, nur um einen sicheren und schnellen Tod zu erleiden. Ein armer Kerl befreite sich aus der Menge, sprang mit seinem Pferd auf ein abgetrenntes Fragment des zerbrochenen Aquädukts auf der Ebene, bevor es in den Kanal mündete, und dort stand er, wie auf einem sechs oder acht Fuß hohen Podest, und suchte vergeblich nach einer kurzen Ruhepause von seinem unausweichlichen Schicksal. Fast gleichzeitig schwang einer unserer Männer sein Pferd neben sich, und auf dieser unsicheren Plattform, auf der ihre Pferde kaum Halt hatten, lieferten sich die beiden einen wilden Kampf ums Überleben. Wie Blitze blitzten ihre Schwerter, als sie aufeinander einhieben, ohne einen Versuch zu parieren. Ein oder zwei Sekunden später erhielt unser Mann einen furchtbaren Hieb auf den Arm, und es wäre ihm nicht gut ergangen, wenn nicht in diesem Moment einer seiner mit einem langen Speer bewaffneten Kameraden direkt auf die Gruppe losgegangen wäre und, während er sein Pferd am Fuß des Mauerwerks auf die Hinterbeine brachte, den Pandy durch den Körper stach. Im selben Augenblick trieb unser Mann, rasend vor Schmerz und Aufregung, sein Pferd gegen seinen Gegner und stieß ihn sauber vom Mauerwerk, während Pferde und Männer zusammen auf dem Boden darunter rollten.

Die Überlebenden der abenteuerlustigen Geister, die den Außenposten angegriffen hatten, ritten in dieser Nacht ziemlich niedergeschlagen nach Delhi zurück.

Das Feldgefolge wurde von einem der Kavallerieregimenter des Punjab gestellt und von einem Herrn mit eher schweigsamen Gepflogenheiten kommandiert, der noch immer unter seinem Spitznamen „Fowls" in guter Erinnerung ist. Nie werde ich den kuriosen, aber galanten Anblick vergessen, den er bot, als er mit seinem treuen, fest auf ein Auge geklebten Lanzett seinen Feinden gegenübertrat und mit seinem Schwert um sich schlug, grimmig schweigend, während er langsam von der *höheren Gewalt* der überwältigenden Zahl zurückgedrängt wurde . Die Geschichte besagt, dass er seinen *Spitznamen* folgendermaßen verdiente : – Einmal war er auf dem Marsch tage- und wochenlang feierlich und schweigend unter seinen Kameraden geritten. Kein Wort war ihm je über die Lippen gekommen, bis an einem denkwürdigen Morgen, als seine Abteilung ein Dorf betrat, unser Freund, der düster über die Knappheit der Vorräte in der Lagerkammer der Messe nachgedacht haben muss, eine Familie Moorgis erspähte, die *eifrig* den Staub auf der Straße vor ihm aufwirbelten. Der willkommene Anblick war zu viel für ihn. Auf der Stelle erhob er seine Stimme und rief „Vögel!" und verfiel sofort wieder in vollkommene Stummheit. Selten, wenn überhaupt, wurde eine so kurze Rede mit so lautem Applaus begrüßt. Seine entzückten Kameraden hofften natürlich, dass der plötzliche Ausruf, nun da der Zauber gebrochen war, nur der Auftakt zu einer dauerhaften Lockerung der bis dahin gefesselten Zunge war; aber sie waren zur Enttäuschung verurteilt. Von diesem Zeitpunkt an kam kein Wort mehr über diese Lippen. Weder Hühner noch Enten noch Gänse noch Truthähne, nicht einmal Schafe konnten ihm auch nur das geringste mündliche Zeichen der Anerkennung entlocken – nur die halb verschlafenen Augen erwachten beim Anblick des willkommenen „Fundes" zum Leben und vielleicht lenkte ein Kopfnicken die Aufmerksamkeit darauf. So kam es, dass der Beiname „Vögel" seinem Besitzer einstimmig verliehen wurde.

Als wir an diesem Abend alle zum Abendessen im Messezelt versammelt waren, wurde ein unglücklicher „Pandy", den einige unserer Männer unter einem Busch versteckt gefunden hatten, vor den befehlshabenden Offizier gebracht. Er war eindeutig ein Sepoy, und es gab keinen Zweifel über sein Schicksal. Trotzdem konnte ich nicht anders, als zu denken, dass er sehr viel Pech hatte, und zweifellos verriet mein Gesicht meine Gefühle. Denn der unglückliche Mann sah mich flehend an und erklärte, er sei kein Sepoy, sondern mein Hausangestellter gewesen. Er flehte mich an, seine Wahrheit zu bezeugen und sein Leben zu retten. Was konnte ich tun? Es war unmöglich, eine Lüge zu schwören. Aber ich flehte hartnäckig, wenn auch, wie ich befürchtete, erfolglos, dass man ihm die Flucht erlauben würde.

Bei einer der zahlreichen Begegnungen mit dem Feind, die das Lager vor Delhi in Atem hielten, wurde ein Offizier der Infanterie des Guides Corps auf eine Weise verwundet, die so merkwürdig war, dass sie eine Schilderung verdiente. Während einer Operationspause stand er mit dem Rücken zu einem Baum, als eine Kugel in seiner Nähe auf den Boden einschlug und ein Steinstück gegen seine Stirn schleuderte, wo es eine leichte Fleischwunde verursachte. Als er bei dem plötzlichen Schock seinen Kopf zurückwarf, traf er auf einen scharfen Splitter eines abgebrochenen Astes, der aus dem Baum ragte. Instinktiv legte er seine rechte Hand an seine Stirn. Sie war mit Blut bedeckt. Dann betastete er mit der linken Hand seinen Hinterkopf. Auch dieser war ganz blutig. „Mein Gott!", rief er aus, „ich bin ein toter Mann! Vollkommen durch den Kopf geschossen!" und er suchte sich einen weichen Platz, auf den er sich legen und sterben konnte, ein Ereignis, das er in ein oder zwei Sekunden erwartete. Zu seiner Überraschung war er nach einer vollen Minute so lebendig wie zuvor. Also betastete er erneut die beiden Wunden. Daran bestand kein Zweifel. Sie bluteten beide stark. Er rollte sich noch einmal zusammen; aber da der Tod nicht eintrat, begann er bald zu denken, dass mit dem Loch mitten in seinem Kopf etwas Seltsames und Ungewöhnliches sein musste, und man kann sich seine Erleichterung vorstellen, als ein Offizierskamerad ihm nach einer hastigen Untersuchung die Sache erklärte. Ich fürchte, er war leichtfertig genug, um, als er aufsprang, in das Lachen über sich selbst einzustimmen. Wunderbare Genesungen von scheinbar tödlichen Wunden waren keineswegs ungewöhnlich. Ich selbst habe gesehen, wie ein Offizier von einer Kugel mitten in die Brust getroffen wurde, die in seinem Rücken wieder austrat. Ich sprang von meinem Pferd, drückte ihm zum Abschied die Hand und ritt weiter (denn dies geschah während einer Verfolgungsjagd) und überließ ihn der Pflege des Chirurgen, der in diesem Moment auftauchte. Zu meiner Überraschung stellte ich viele Stunden später, als wir ins Lager zurückkehrten, fest, dass der verwundete Offizier nicht nur nicht tot war, sondern wahrscheinlich auch nicht sterben würde. Die Kugel war von einer Rippe abgeprallt und unter der Haut um seine Brust herum und so aus seinem Rücken wieder ausgetreten. Einem anderen Beamten wurde der Kiefer von einer Kugel zertrümmert, die offenbar nirgends austrat. Er hatte sie einfach zusammen mit einigen seiner Zähne verschluckt.

Auf dem Bergrücken stand ein hohes Gebäude, der Observatoriumsturm, von dessen Spitze aus man in der ersten Phase der Belagerung die Operationen des Feindes beobachtete.

Als diese Tatsache bekannt wurde, lenkte sie die Aufmerksamkeit der Kanonen auf den Mauern von Delhi auf den Turm, und seine oberen Teile wurden bald durch Schüsse und Granaten stark beschädigt. Lange nachdem dieser Beobachtungsposten abgezogen worden war, wurden noch gelegentlich Granaten auf den Turm abgefeuert, was die Lage für die kleine Gruppe dienstfreier Offiziere ziemlich aufheizte, die sich normalerweise dort oben aufhielten und die Aussicht genossen, wenn vor ihnen etwas Interessanteres als sonst vor sich ging. Einmal hatten zwei oder drei andere Männer und ich den Weg bis zur Spitze gefunden, als sich uns ein Herr anschloss, der mit einer Handelsfirma in Verbindung stand, deren Unternehmen das Lager seine Versorgung mit „Tar Bund"-Bier (ein Luxus, für den wir gerne sechzehn Rupien pro Dutzend zahlten), Exshaws Brandy und Harveys Soße und vielen verschiedenen Konservendosen sowie Holloways Pillen und Salben und ähnlichen Patentrezepten verdankte. Während wir alle auf die Stadtmauern blickten, sahen wir eine weiße Rauchwolke aus einer Stelle aufsteigen, die wir als „das Loch in der Mauer" kannten und in der sich ein Mörser mit großem Kaliber befand . Innerhalb weniger Sekunden explodierte die große Granate hoch in der Luft, eine Viertelmeile von uns entfernt, aber genau auf unsere Position ausgerichtet. „Runter", rief einer von uns, und wir alle, mit Ausnahme unseres zivilen Freundes, kauerten uns hinter eine schwere Masse aus massivem Mauerwerk. Er jedoch blieb stehen, verschränkte die Arme vor der Brust und musterte uns einen Moment lang mit einem Blick halb verächtlicher Überraschung. „Warum haben diese dummen Kerle Schutz gesucht?", dachte er. „Die Granate ist so weit weg explodiert. Die Gefahr ist jetzt vorbei. Die Teile müssen auf den Boden fallen." Sehr schnell wurde er eines Besseren belehrt. Die zerbrochenen Teile der Granate wirbelten zischend und stürzten gegen den Turm, glücklicherweise ohne ihn zu treffen. Als wir aufstanden, warf er sich hin. Er lernte daraus eine Lektion, die er vermutlich nicht so schnell vergaß. Sie betraf die Wucht von Geschossen und die allgemeine Ratsamkeit, sich von Personen, die vermutlich wussten, was sie vorhatten, Hinweise geben zu lassen.

Während dieser ganzen Zeit zog sich die Belagerung, wenn man das so beschreiben könnte, „ihre langsame Länge hin"; aber in Wirklichkeit wurde die Stadt weder von uns besetzt, noch wurde unsere Streitmacht, wie so oft behauptet wurde, von den Rebellentruppen belagert. Beide Kräfte standen sich gegenüber. Beide standen auf vergleichsweise kurzer Front in Kontakt. Beide waren zu ihrer jeweiligen Rückseite völlig offen und die Kommunikation in diese Richtungen war praktisch ungehindert. Keiner konnte verhindern, dass Verstärkung oder Vorräte den anderen erreichten. Wir konnten unsererseits nicht einmal versuchen, die verschiedenen Kontingente von Meuterern abzufangen, die zu Beginn der Belagerung von Süden nach Delhi strömten; und wurden in fast eintöniger Abfolge gegen unsere Position geschleudert, während sie noch frisch und unemoralisiert von der Niederlage waren, nur um immer wieder unter immensem Gemetzel von der unbesiegbaren kleinen Phalanx aus Briten, Sikhs und Gurkhas zurückgedrängt zu werden, die sich fest an sie hielt , Bulldogge-Manier, zu Boden, den es eingenommen hatte. Eine Zeit lang nahm die Zahl der Feinde weiter zu, da fast täglich neue Regimenter und Brigaden in die bereits überfüllte Stadt einmarschierten und ihre Ankunft lautstark von schwerer Artillerie begrüßt wurde. Unsere Musterliste hingegen nahm keineswegs zu, sondern schrumpfte vielmehr; denn die unaufhörlichen Verluste durch Verluste im Kampf wurden durch Todesfälle durch Fieber und Cholera erheblich ergänzt; und unsere dringend benötigte Verstärkung ließ lange auf sich warten. Aber wir waren uns sicher, dass sie früher oder später mit Sicherheit kommen würden. Wir alle wussten, dass John Lawrence und seine Leutnants alle Kräfte anstrengten, um die Sicherheit des Punjab in unserem Rücken zu gewährleisten, indem sie die unzufriedenen Hindustani-Regimenter in dieser Provinz entwaffneten und neue Kavallerie- und Infanterieregimenter aus den erbitterten Kämpfen aufstellten Männer der Khalsa. Wir wussten, dass diese vertrauenswürdigen und tapferen Heere und jedes britische Regiment, das entbehrlich sein konnte, und jedes schwere Geschütz und Mörser im Ferozepore- Arsenal, und, fast besser als alle der heldenhafte Nicholson würde uns zu Hilfe kommen; und dass dann die eigentliche Belagerung ernsthaft beginnen würde und das Schicksal Delhis besiegelt wäre.

Anfang August erfolgte der einzige ernsthafte Versuch des Feindes, unsere Verbindungen abzuschneiden. Um aus einem Brief zu zitieren, den General Wilson an Nicholson schrieb und den dieser am 3. August erhielt [3] : „Der Feind hat die Brücke über den Najufgurh- Kanal (die wir zerstört hatten) wiederhergestellt und sich dort mit Macht etabliert, mit der Absicht, nach Alipore vorzudringen und unsere Verbindungen mit dem Hinterland zu unterbrechen. Ich bitte Sie daher inständig, mit der größtmöglichen Eile vorzurücken , um diese Kerle aus meinem Hinterland zu vertreiben und mir zu helfen, meine Position zu halten." Wie schnell und effektiv Nicholson diese Anweisungen ausführte, wird in den Seiten von Sir John Kayes Werk anschaulich beschrieben. Am 14. August führte er die bewegliche Kolonne in das Delhi Camp, die bereits gute Dienste geleistet hatte, indem sie die meuternden Regimenter bei Phillour und Umritsar entwaffnete und die

Sealkote- Brigade der Rebellen bei Trimmoo vernichtete . Ghât . Am 25. August marschierte er erneut an der Spitze einer kleinen Truppe aller Waffengattungen aus und hatte vor Einbruch der Nacht die „ Neemuch - Brigade" aus Najufgurh vertrieben , die dort auf der Lauer lag, um den Belagerungszug auf seinem langsamen Vormarsch vom Arsenal von Ferozepore abzufangen .

Es gibt Männer, deren persönliche Erscheinung so perfekt mit ihren intellektuellen und moralischen Eigenschaften harmoniert , dass jeder, der sie zum ersten Mal sieht, ihre Identität fast intuitiv erraten würde. Nicholson war einer von ihnen. Groß, dunkel und streng, sah er aus wie jeder Zoll, ein furchtloser, selbstsicherer, wilder und herrischer Mann, geboren für stürmische Zeiten und aufregende Ereignisse. Es war unmöglich, ihn mit etwas Alltäglichem oder etwas anderem als Heldenhaftem oder Großem in Verbindung zu bringen. Auf mich, wie auf jeden anderen, machte er einen lebhaften Eindruck, der nie verblassen kann. Als ich ihn zum ersten Mal sah , war es nur für einen Moment. Er sagte etwas in leiser Stimme zu einem Bekannten und ging weiter; aber instinktiv fühlte ich, dass ich mit jemandem in Kontakt gekommen war, der sich von anderen Männern abhob und sie überragte. „Das ist Nicholson", sagte ich und wusste, dass es niemand anderes sein konnte.

Am 4. September rollten die riesigen Kanonen und Mörser des Belagerungszuges, passend gezogen von noch gewaltigeren Elefanten, langsam und feierlich durch das Lager auf den Bergrücken. Am 6. traf die allerletzte Verstärkungsgruppe, eine Abteilung des 60. Gewehrregiments aus Meerut, ein und marschierte „in ihrer üblichen munteren Art", wie Hervey Greathead es in einem Brief an seine Frau beschrieb, den er an diesem Tag schrieb. Die Royal Engineers hatten bereits einen riesigen „Pionierpark" mit Faschinen, Schanzkörben, Sandsäcken und allen erdenklichen Geräten für den Beschuss und Sturm gefüllt. Nichts war übersehen worden. Es blieb nichts übrig, als die eigentliche und endgültige Belagerung zu beginnen und den Angriff durchzuführen.

Dass keine Zeit verloren ging, zeigt sich daran, dass eine Breschenbatterie aus sechs schweren Geschützen, die sich 650 Meter von der Moree- Bastion entfernt befand, am Abend des 6. fertiggestellt und bewaffnet wurde und am 7. mit ihrem Zerstörungswerk begann.

FUßNOTEN:

[3] *Kayes Sepoy-Krieg* , Bd. II, S. 645.

IV.
DIE STADT STURMEN.

Von diesem Zeitpunkt an bis zum Morgen des 11., als die letzte der vier Batterien fertiggestellt war, arbeiteten unsere tapferen Ingenieure, Arbeitstrupps und Kanoniere wie Männer, die noch nie zuvor oder seitdem gearbeitet haben. Die ganze Nacht über waren Spitzhacken, Spaten und Schaufeln unter schwerem Feuer damit beschäftigt, die Batterien zu bauen. auf dem, sobald es fertig war, die schweren Kanonen und Mörser montiert wurden; und als sie nach und nach in Position gebracht wurden, schlossen sie sich dem wütenden Sturm aus Schüssen und Granaten an, der bis zum Moment des Angriffs im grauen Morgengrauen des 14. nie aufhörte, das Mauerwerk der Stadtverteidigung niederzureißen . Die letzte Batterie wurde im Schutz der zerstörten Mauern des Zollhauses, in einer Entfernung von 180 Yards von der Wasserbastion, unter einem schrecklichen und unaufhörlichen Feuer der Kaschmir- und Wasserbastionen und des Vorhangs zwischen ihnen gebaut. Lassen Sie den Leser Versuchen Sie , dies zu erkennen . und er wird zugeben, dass vor einer belagerten Festung noch nie ein verzweifelteres oder gewagteres Unternehmen zustande gekommen ist.

Azadpore Außenpostendienst zu leisten , wo mir Gerüchte zu Ohren kamen, dass der Angriff wahrscheinlich noch vor Tagesanbruch des 14. stattfinden würde. Normalerweise hätte mein Streikposten an diesem Morgen abgelöst werden sollen, aber es kam keine Erleichterung; Und je weiter der Tag verging, desto mehr schien es, als ob ich dazu bestimmt wäre, verlassen und vergessen da draußen zu bleiben, bis alles vorbei sein würde. Das war mehr, als man ertragen konnte; Also schickte ich Boten nach Boten mit flehenden Briefen ins Lager und bat um die Rückrufung meines Feldpostens. Meine Bitten hatten Erfolg, und ich hatte die tiefe, wenn auch selbstsüchtige Befriedigung, endlich in der Ferne die kleine Staubsäule zu sehen, die das Herannahen der Gruppe ankündigte, die ausgesandt worden war, um meinen Platz einzunehmen. Der kommandierende Offizier war sehr mürrisch und mürrisch; aber schließlich war er an der Reihe, die Pflicht zu erfüllen. Jeder muss sein Glück nehmen, wie es kommt. Ich tröstete ihn mit diesem verkrusteten alten Sprichwort und verlor keine Zeit, den Posten zu verlassen und meine Abteilung zurück ins Lager zu bringen. aber selbst dann war ich einer schweren Enttäuschung ausgesetzt. Die Truppen, die unter Sir Hope Grant die Kavallerie-Brigade bilden sollten, waren abgewiesen worden, und meine Gruppe musste sich damit begnügen, Teil der im Lager verbliebenen Reserve zu sein. So verlor ich die Chance, einer der glorreichen Sechshundert zu sein, deren heldenhaftes Durchhalten an diesem Tag unter einem heftigen Hurrikan aus Trauben und Musketen „den Feind, der die 4. Kolonne zurückgedrängt hatte, daran hinderte, auf dem offenen Gelände zwischen dem Grat und dem Vormarsch vorzudringen." die Stadt und nehmen unseren gesamten linken Angriff in die Flanke. [4] Als der Versuch der Kolonne unter dem tapferen Colonel Reid, durch das Lahore-Tor in die Stadt einzudringen, scheiterte, teils am Mangel an Artillerie, teils an der Niederlage des Kaschmir-Hilfskontingents, war die ganze Hauptlast von Es fiel der Kavallerie-Brigade zu , die tausenden siegreichen Rebellen daran zu hindern , aus Kissengunge zu strömen und unsere sich zurückziehende Infanterie zu verfolgen. Bevor der Feind es jedoch wagen konnte, sich auf die Ebene jenseits des Schutzes seiner Mauern zu wagen, war es notwendig, die Reiter davon zu vertreiben; und heftig war die Anstrengung, dies zu tun. Von den Mauern der Stadt und den Vororten von Kissengunge fegte unaufhörlich ein feuriger Bleihagel. Sattel um Sattel wurde geleert; Ein Pferd nach dem anderen stürzte, aber keinen Augenblick lang war das geringste Schwanken oder Schwanken zu spüren. Leise und ohne Verwirrung schlossen sich die Reihen weiter zusammen und füllten immer wieder Lücken, grimmig entschlossen, sich bis zum letzten Mann zu behaupten. Da sie völlig außerstande waren, das Feuer zu erwidern oder irgendetwas anderes zu tun, als als passive lebende Ziele unbeweglich zu bleiben, schienen sie zur endgültigen Vernichtung verurteilt zu sein – als Tombs berühmte berittene Artillerietruppe zur Rettung galoppierte. Sie bezog eine Position aus nächster Nähe, nicht mehr als zweihundert Meter vom Feind entfernt, und trieb die bis dahin siegreichen Rebellen nicht lange nach dem Einsatz unserer Geschütze von den Außenmauern in das Häuserlabyrinth ihrer Häuser zurück hinten und reduzierten ihr Feuer erheblich. Aber vom Lahore-Tor aus schüttete ein 24-Pfünder, der nicht zum Schweigen gebracht wurde, weiterhin Trauben in die Reihen und riss so manche schreckliche Lücke in sie. Erst als das Feuer der Rebellen, das durch den Erfolg unseres Angriffs auf das Kashmiri-Tor vernichtet worden war, bis zur Unschädlichkeit abgeklungen war und die Gefahr eines Ausfalls endgültig gebannt war, wurde die schwer geschwächte Kavallerie-Brigade von ihrem Ehrenposten abgezogen .

Obwohl diese Tat der Sechshundert vor den Mauern von Delhi nicht vom Poet Laureate besungen wurde und nicht so weltberühmt ist wie die der anderen Sechshundert in Balaclava, verdient sie es durchaus, mit ihr als Beispiel dafür in Zusammenhang gebracht zu werden Heldentum und aufopferungsvolle Hingabe. Jedes ist ein brillantes Beispiel für die perfekte Verbindung von Disziplin und Mut. Wenn der Angriff der Leichten Brigade ein Fehler war, umso größer ist der Ruhm der tapferen Männer, die in den Tod ritten, ohne ihre Befehle in Frage zu stellen.

Es liegt nicht an ihnen, darüber nachzudenken, warum,
sondern nur zu tun und zu sterben.

Der Befehl, die sechshundert Mann der Delhi-Kavallerie in ein *Feu d'enfer zu schicken*, um ihre Infanteriekameraden zu retten, enthielt keinen Fehler. Jeder Soldat, der weiß, was es heißt, „still zu sitzen und beschossen zu werden", wird die Waffenleistung, die die britische und einheimische Kavalleriebrigade unter dem Kommando des furchtlosen und sanften Sir Hope Grant an jenem Morgen des 14. September 1857 vollbrachte, mit Stolz würdigen.

Die Beschreibung dieser Episode in den glühenden Seiten von Sir John Kaye ist so lebendig, dass ich der Versuchung, sie abzuschreiben, nur schwer widerstehen kann. Doch die meisten meiner Leser aus dem Militär sind ohne Zweifel damit vertraut, und wer noch nicht seine „ *Geschichte des Sepoy-Krieges in Indien" gelesen hat*, dem empfehle ich, keine Zeit zu verlieren und dieses äußerst interessante Werk zu studieren. Es ist eine unvergängliche Hommage an den Ruhm unserer Waffen, und jeder, der die Erzählung der tapferen Taten der Engländer – Zivilisten wie Soldaten – liest, die während dieser Zeit höchster Not und Prüfung von Sikhs und Gurkhas und den wenigen anderen loyalen Völkern Indiens unterstützt wurden, kann nicht anders, als zu spüren, wie sein Herz von ehrlichem und patriotischem Stolz erfüllt wird und von der zuversichtlichen Hoffnung, dass der alte Geist der angelsächsischen Rasse sich selbst treu bleiben wird, wenn uns oder unseren Nachkommen jemals wieder ein so erbitterter Kampf aufgezwungen werden sollte.

Ich werde nicht versuchen, die unterschiedlichen Schicksale der vier Angriffskolonnen zu beschreiben. Diese Geschichte wurde ein für alle Mal von Sir John Kaye erzählt; und es ist unwahrscheinlich, dass jemals eine vollständigere, klarere oder korrektere Erzählung geschrieben wird.

Wir, die wir draußen blieben, waren voller Triumph, als wir erfuhren, dass das Kashmiri Gate und der Kashmiri Curtain erfolgreich gestürmt worden waren und dass unsere Flagge auf den Wällen wehte, die uns so lange getrotzt hatten, und doch war es unsagbar traurig, die lange Prozession der „Doolies" mit den Toten und Verwundeten zu sehen, die langsam ins Lager zurückströmten. Viele tapfere Soldaten gaben an diesem Tag ihr Leben für die Ehre ihrer Königin und ihres Landes; aber der Verlust, der alle anderen überschattete, war der des tapferen Nicholson, der in der Stunde des Sieges eine tödliche Wunde erlitt, während er sich edelmütig dem fast sicheren Tod aussetzte, als er seine Männer anfeuerte, die für einen Moment von einem Schwall Blei aufgehalten wurden, der die schmale Gasse überschwemmte, auf der sie vorrückten. Seine Erinnerung und sein Beispiel werden der britischen Armee nie verloren gehen, so lang und glänzend die Liste ihrer Helden auch sein mag.

Die Stärke der vier Angriffskolonnen betrug 3.660 Mann, die der Reservekolonne 1.500, also insgesamt 5.160 Mann. Uns gegenüber stand eine Festung „mit einem Umfang von sieben Meilen, angefüllt mit einer riesigen fanatischen muslimischen Bevölkerung, besetzt mit 40.000 Soldaten, die von uns bewaffnet und diszipliniert wurden, mit 114 schweren Geschützen auf den Mauern, die über das größte Magazin für Kugeln, Granaten und Munition in den Oberprovinzen verfügten, außerdem über etwa 60 Geschütze Feldartillerie, alle aus eigener Herstellung und bemannt von Artilleristen, die von uns ausgebildet und geschult wurden." [5]

Die Verluste auf unserer Seite an diesem Morgen beliefen sich auf 1.145 Tote und Verwundete. Das Ergebnis der Kämpfe des Tages war, dass wir uns in eine kleine Ecke der Stadt gekämpft hatten und uns dort „mit den Zähnen festhielten". So schwach und unsicher der Griff war, den wir damit an die Kehle des Feindes bekamen, so reichte er doch für den letztendlichen Erfolg aus; aber es kann nicht bestritten werden, dass die Lage für die nächsten 48 Stunden kritisch war. Die große Stadt mit ihrem verschlungenen Netz enger Gassen, die sich krumm durch Massen hoher Ziegelhäuser schlängelten – mit ihren befestigten Orten wie dem Magazin, dem Königspalast, Selimgurh und der Jumma Musjid – war noch unbesiegt und trotzig; das Gebrüll des Kampfes hörte nicht auf. Der General, Sir Archdale Wilson, war von Krankheit und Schlafmangel erschöpft und litt unter der Belastung lang anhaltender Sorgen. In den Augen seiner Umgebung schien er den Mut zu verlieren und halb geneigt zu sein, unseren teuer erkämpften Stand innerhalb der Mauern aufzugeben und die Truppen wieder in die alte Stellung außerhalb zurückzuziehen. Schlimmer noch, große Vorräte an Brandy und Wein, die die Rebellen geschickt vor den Augen unserer Soldaten zurückgelassen hatten, fielen in ihre Hände, und das unvermeidliche Ergebnis war die Folge. Viele unserer Männer schluckten gierig das feurige Gift, und diejenigen, die sich bis dahin als Helden erwiesen hatten, wälzten sich jetzt hilflos und schwachsinnig in den Gossen. Glücklicherweise nutzte der Feind diesen Moment nicht für einen heftigen Angriff. Hätte er dies getan, wäre er wahrscheinlich erfolgreich gewesen, und das britische Empire in Indien wäre unter einem vernichtenden und beschämenden Schlag des schlimmsten und hartnäckigsten Feindes seiner Armee, des starken Alkohols, ins Wanken geraten. Es wurden jedoch umgehend energische Maßnahmen ergriffen. Arbeitsgruppen mit starker Führung wurden beauftragt, die Flaschen zu zerstören und die Fässer zu leeren. Sehr bald war die Gefahr dieser Art gebannt.

Am 16. wurde ein wichtiger Schritt vorwärts geschafft. Die Zeitschrift wurde mit geringem Verlust übernommen; und obwohl der Kleinwaffenteil davon durch die tapfere Tat von Willoughby, der es am 11. Mai in die Luft gesprengt hatte, ernsthaft gelitten hatte, wurden darin große Vorräte an Artilleriemunition gefunden. Sehr schnell wurden darin Mörser in Position gebracht, um den Palast zu beschießen, der nicht mehr als eine Viertelmeile entfernt war. Am interessantesten und schönsten war es zu sehen, wie die großen Muscheln, angetrieben von nur einem Löffel Pulver, aus ihren weiten Hälsen hervorgingen; und nachdem sie eine langsame und anmutige Kurve ausgeführt haben, die mit bloßem Auge leicht zu verfolgen ist, fallen sie in die mattroten Mauern des Palastes. Dann war ein tiefes Brüllen und Krachen zu hören, als würde Mauerwerk einstürzen, oft gefolgt von lauten Schreien der Verletzung oder Bestürzung.

Der nächste wichtige Vorstoß erfolgte in der Nacht des 18. und am frühen Morgen des 19., als es unseren Truppen gelang, sich von Haus zu Haus und von Umfassungsmauer zu Umfassungsmauer vorzuarbeiten und die Bastion von Lahore einzunehmen. Von diesem Moment an war das Spiel für den Feind entschieden. Der alte König und seine Leute hatten den Palast am 18. verlassen, da sie den Ort zweifellos als unangenehm belebt empfanden, und am 19. muss es zu einem allgemeinen Exodus aus der Stadt gekommen sein.

Am frühen Morgen des 20. war mein kommandierender Offizier, Captain Sanford, nirgends zu finden. Man sagte mir, man habe ihn zuletzt gesehen, wie er, gefolgt von einem einzigen Ordonnanzoffizier, in Richtung Stadt ritt. Plötzlich durchfuhr mich mit aller Gewissheit der Gedanke, er müsse auf einer Erkundungsexpedition in die Stadt gewesen sein , um festzustellen, wie weit der Feind sie geräumt hatte, und er habe mich, normalerweise seinen unzertrennlichen Begleiter, nicht mitgenommen, weil er mich nicht den Risiken einer sicherlich hirnrissigen Heldentat aussetzen wollte. Kaum war mir dieser Gedanke gekommen, als ich auch schon meinen persönlichen Ordonnanzoffizier rief und mich auf die Suche nach ihm machte. Als wir in der Stadt ankamen , bestätigte sich meine Vermutung. Man hatte Sanford und seinen Ordonnanzoffizier in die verlassenen Straßen hinter unseren Wachen reiten sehen. Also folgten wir seinem Beispiel und begaben uns, ungewöhnlich aufmerksam Ausschau haltend, auf den Weg, den er angeblich genommen hatte. Die Stadt war tatsächlich verlassen. Wir sahen kein lebendes Wesen; aber wir waren noch nicht viele hundert Meter weit gekommen, als wir Sanford trafen, der zügig zurücktrabte, sein Gesicht strahlte vor Freude. Er war direkt durch die Stadt bis zu den Delhi- und Turkman-Toren im Süden vorgedrungen und hatte mit Kreide „Guide Cavalry" darauf geschrieben. Mit ihm ritt ich zum Quartier von Sir Archdale Wilson, dem er berichtete, dass der ganze Ort vom Feind geräumt worden war. Ob andere Sanford erwartet hatten, weiß ich nicht; aber ich glaube nicht, dass, welche Nachrichten auch immer von einheimischen Spionen in unsere Nachrichtenabteilung gelangt sein mögen, irgendein Engländer vor ihm mit eigenen Augen gesehen hatte, dass Delhi endlich vollständig in unserer Macht war. Jedenfalls verlief seine kühne Heldentat genau so, wie ich sie geschildert habe. Nicht viele Monate später verlor er sein Leben, wie im Folgenden erzählt wird, als er im Alleingang eine nicht unähnliche Aufklärungsmission durchführte .

Im Laufe des Tages nahmen unsere Truppen die Stadt vollständig ein . Alle Festungen, der Palast, Selimgurh , die Jumma Musjid, die Bastionen und die Tore wurden von ihnen besetzt; und die jüngste und, so hoffen wir, letzte Belagerung Delhis ging zu Ende.

Ende gut, alles gut. Es ist immer leicht und nicht immer unnütz, nach einem Ereignis darüber zu spekulieren, was das Ergebnis gewesen wäre, wenn man mit der Absicht, es herbeizuführen, eine andere Vorgehensweise gewählt hätte. Es ist bekannt, dass General Barnard, der den Argumenten der leidenschaftlichen jungen Offiziere der Royal Engineers, Greathead, Chesney und Maunsell, unterstützt von Hodson, nachgab, einen Versuch genehmigte, Delhi am Morgen des 12. Juni durch einen *Handstreich einzunehmen* ; und dass der Angriff tatsächlich gelungen wäre, wenn Brigadier Graves, der damalige Feldoffizier, seine Anweisungen verstanden oder, wenn er sie verstanden hätte, befolgt hätte, die angreifende Kolonne mit den 1. Fusiliers zu verstärken. Es ist auch bekannt, dass der General etwa drei Wochen später erneut fast entschlossen war, „das Risiko einzugehen", als er zuerst zögerte und sich dann entschied, noch ein wenig länger zu warten; dass er dann an Cholera starb; und dass General Reed, der ihm nachfolgte, aus gesundheitlichen Gründen nach wenigen Tagen gezwungen war, das Kommando in die Hände von General Archdale Wilson zu legen; und dass dieser keinen Augenblick daran dachte, mehr zu tun, als seine eigene Stellung zu halten, geschweige denn Delhi zu stürmen, bis er durch jeden verfügbaren Soldaten verstärkt worden wäre, der ihm aus dem Punjab geschickt werden konnte, und durch die schweren Geschütze und Mörser des Belagerungszuges aus Ferozepore .

Es ist durchaus möglich, dass der geplante Angriff erfolgreich gewesen wäre, wenn er am 12. Juni durchgeführt worden wäre. Ich für meinen Teil habe diesbezüglich kaum Zweifel. Die Schlachten der Hindun Nuddee und Badle -ka-Serai hatten die *Moral* des Feindes schwer erschüttert; und die Kühnheit eines so gewagten und so schnellen Angriffs der vereinigten Streitkräfte aus Umballa und Meerut, die beide ohne die Unterstützung der anderen einen so deutlichen Sieg errungen hatten, hätte die Rebellen in Angst und Schrecken versetzt und wahrscheinlich ihre Niederlage sichergestellt. Andererseits waren die Erfolgsaussichten drei Wochen später nicht so hoffnungsvoll. In der Zwischenzeit hatte sich unsere Zahl nicht erhöht, während die des Feindes beträchtliche Verstärkung erhalten hatte. Sie hatten ihre Verteidigung erheblich verstärkt und wahrscheinlich ihr Selbstvertrauen wiedergewonnen.

Wenn wir jedoch zugegeben hätten, dass es uns gelungen wäre, die Mauern zu stürmen und sogar – eine weitaus schwierigere Aufgabe – den Feind mit unserer Handvoll Truppen aus der Stadt zu vertreiben , wäre unsere Position dann besser und stärker gewesen als die, die wir gehalten haben der Grat?

Hätten unsere zweitausend Bajonette ausgereicht, um einen sieben Meilen langen Mauerkreis gegen eine Armee von mindestens vierzigtausend Mann zu besetzen? Denn es kann davon ausgegangen werden, dass sie, während eine Brigade nach der anderen und ein Kontingent nach dem anderen meuterten, zusammengerollt und versucht hätten, den Sitz des Moghul-Reiches zurückzuerobern. Hätte andererseits der frühe Fall Delhis die weitere Ausbreitung des Aufstands verhindert, und wenn ja, wäre das ein klares Gut gewesen? Oder wäre es besser, das volle Ausmaß der latenten Unzufriedenheit zu offenbaren und ein für alle Mal wirksam auszumerzen? Dies sind die Probleme, die einem nachdenklichen Geist in den Sinn kommen und die nicht mit Sicherheit gelöst werden können.

Die Geschichte von der Gefangennahme des alten Königs und der Ermordung der Prinzen durch Hodson ist zu bekannt, als dass sie wiederholt werden müsste.

In den nächsten Wochen ereignete sich innerhalb der Mauern Delhis nichts Ereignisreicheres als das Treiben der Prisenagenten - jedenfalls aus der Sicht eines bedürftigen Untergebenen, der von ihnen die Auffüllung einer Kasse erwartete, die durch die Brandsätze in Meerut beinahe geleert worden war.

Die erste Kolonne, die zu externen Operationen abkommandiert wurde, war die unter Oberst Greathead vom 8. King's Regiment, die nach Süden zog, mit der Absicht, alle sich zurückziehenden feindlichen Einheiten, die sie einholen könnte, anzugreifen und aufzulösen; und die Anfang Oktober so günstig die Befreiung von Agra bewirkte und einen so glorreichen Sieg über das Indore-Kontingent und die anderen Rebellentruppen errang, die diesen Ort angreifen wollten. Anschließend wurde eine weitere Kolonne unter Brigadegeneral Showers in die Bezirke im Westen und Nordwesten geschickt, und dieser wurde die Führungskavallerie angegliedert. Unser Hauptziel bestand darin, den Nawab von Jhujjur zu bestrafen und, wenn möglich, zu erobern ; Doch bevor wir dies taten , zogen wir durch das Land, „zeigten unsere Muskeln", um eine umgangssprachliche Formulierung zu verwenden, und zerstreuten dadurch verirrte Banden von Plünderern und flößten den ruhig eingestellten Menschen der landwirtschaftlichen Klassen Vertrauen ein.

Während der Niederschlagung der Meuterei, einem Feldzug, der einzigartig und anders als alle anderen war, waren die eisernen Bande der Disziplin in mancher Hinsicht nicht so streng gespannt wie sonst, und es geschahen viele Dinge, die nun unmöglich wären. Es war zum Beispiel keineswegs ungewöhnlich, dass ein unternehmungslustiger Offizier, der keine andere Genehmigung als die seines befehlshabenden Offiziers hatte, eine kleine Gruppe berittener Männer mitnahm und sich auf die Suche nach Abenteuern begab. Er fand sie sehr häufig und achtete angesichts der Unregelmäßigkeiten seiner Verfahren sorgfältig darauf, dass keine Meldung darüber an den General gelangte. Bei einer solchen Gelegenheit befand sich ein Hauptmann, der bei uns Dienst tat und für seine Exzentrizität, die fast an den Rand des Wahnsinns grenzte, seine Furchtlosigkeit und seinen schonungslosen Rachedurst gegen die Meuterer bekannt war, mit einem Trupp von sechzehn Mann oder zwanzig Mann, viele Meilen vom Lager entfernt, vor dem Tor einer ummauerten Anlage, in der sich etwa vierzig rebellische Sepoys befanden, die sich auf ihre Distanz zur Gefahr verlassen hatten, keine Vorkehrungen gegen Überraschungen getroffen hatten und in aller Stille ihr Abendessen zubereiteten. H—— erfasste die Situation sofort. "Halt!" Er rief seinen Männern mit dröhnender Stimme zu und fügte auf Hindustani hinzu: „Nur zwanzig Männer folgen mir ins Tor. Der Rest des Regiments soll draußen bleiben." „Werft eure Waffen in dieser Ecke nieder", brüllte er den von Schrecken geplagten Sepoys zu. „Versammelt euch in der gegenüberliegenden Ecke und seid schnell, sonst werde ich euch alle töten." Ihm wurde sofort gehorcht. „Nun", sagte er, „sehe ich unter euch eine Anzahl Männer, die älter sind als die anderen, die sie wahrscheinlich in die Irre geführt haben. Vertreibt sie aus eurer Mitte, damit ich sie vernichten kann." Die elenden Feiglinge der jungen Männer verdrängten sofort die Älteren, kämpften und kämpften um ihr Leben: und H... und seine Gruppe fielen über sie her und töteten sie.

Dann wandte er sich an den verräterischen Rest: „Was für einen Dreck habt ihr gefressen! O Kinder der Eulen!" und er „schlug sie auch auf Hüfte und Schenkel."

Bevor ich diese zweifellos grausame Tat völlig und vorbehaltlos verurteile, möchte ich den Leser bitten, sich daran zu erinnern, dass in diesem Meutereikrieg auf keiner Seite Gnade gewährt wurde. Wir betrachteten die Meuternden zu Recht nicht als ehrliche Feinde, sondern als schändliche und grausame Mörder, für die der Tod durch das Schwert ein zu gutes Schicksal war und deren einziges angemessenes Ende der Galgen war. Hätten sie sich auf einen Aufstand gegen die Regierung beschränkt und dabei ihre Offiziere und alle Männer abgeschlachtet, die versuchten, ihn niederzuschlagen, wären sie nicht ohne Gnade geblieben; aber da sie unsere wehrlosen Frauen und Kinder abgeschlachtet hatten, wären wir mehr als Menschen gewesen, wir wären weniger als Menschen gewesen, wenn wir sie nicht ausgerottet hätten, wie Menschen Schlangen töten, wann immer sie ihnen begegnen. H—— wusste genau, dass sie ihn vernichten würden, wenn er diese Sepoys nicht vernichtete. Beim geringsten Zögern seinerseits wären sie zu den Waffen gesprungen und hätten wie Ratten in der Falle mit der Energie der Verzweiflung gekämpft. Ihre Musketen gegen die Schwerter unserer Männer hätten ihrer zahlenmäßigen Überlegenheit einen entscheidenden Vorteil verschafft. Wir hätten zweifellos mehrere Männer verloren und wären wahrscheinlich zurückgedrängt worden. Nur die schnelle und kluge Strategie von H. rettete seine Gruppe. Trotz alledem ist es unmöglich, ein Gefühl des Bedauerns darüber zu vermeiden, dass dieser Vorfall eingetreten ist.

FUßNOTEN:

[4] *Kayes Sepoy-Krieg.*

[5] Brief von Colonel Wilson an Colonel Baird Smith vom 30. August 1857.

V.
Gefangennahme von Jhujjur.

Eines Abends, als mein kommandierender Offizier, Captain Sanford, und ich nach dem Essen in der Messe in das Zelt zurückkehrten, das wir uns teilten, sagte er mir, dass ich in dieser Nacht nicht mit einer sehr langen Ruhe rechnen müsse, da er eine kleine Expedition geplant habe, auf der ich ihn begleiten sollte. Er hatte von einem Spion Informationen über den Aufenthaltsort einer kleinen feindlichen Truppe in einem Dorf etwa zwölf Meilen von unserem Lager entfernt erhalten. Er hatte bereits 50 unserer Männer, die einzeln und heimlich abkommandiert worden waren, befohlen, sich kurz nach Mitternacht so leise wie möglich zu bewaffnen und auf ihre Pferde zu steigen und sich einer nach dem anderen aus dem Lager zu schleichen, durch eine Wache, die angewiesen worden war, sie passieren zu lassen. Außer mir und dem Adjutanten hatte er keinen der Offiziere ins Vertrauen gezogen, teils um ihren Drängen zu entgehen, uns begleiten zu dürfen, teils weil es keine Gewissheit gab, dass wir uns nicht auf eine sinnlose Suche begaben. Um Mitternacht standen wir auf, zogen uns an und bewaffneten uns, stärkten unsere Mägen mit einer Tasse heißen Tees, stopften uns jeder ein kaltes gebratenes Huhn und ein paar Chapatis in die Halfter , bestiegen unsere Pferde und schlichen uns aus dem Lager zum Treffpunkt, wo unsere Gruppe und ein Führer auf uns warteten. Sanford stellte den Führer unter der Eskorte einiger Sowars an die Spitze und flüsterte den Männern auf der rechten Seite zu, sie sollten in einer Reihe folgen, und führte uns geräuschlos an. Erst als wir ein paar Meilen zwischen uns und dem Lager gebracht hatten, hielten wir an, formierten uns und „meldeten uns", und nach diesem notwendigen Vorgehen setzten wir unsere Reise fort, stolperten im Dunkeln über Felder und Fußwege, bis unser Führer uns mitteilte, dass wir uns nur noch eine Meile von unserem Ziel entfernt befanden. Da es noch etwa eine Stunde bis zur Morgendämmerung war, hielten wir jetzt an, stiegen ab, schauten uns unsere Sattelgurte an und lockerten unsere Schwerter in den Scheiden. Als wir weiterzogen, voran von ein paar Kundschaftern, die den Führer begleiteten, begann ein ganz schwacher Lichtschimmer den Himmel im Osten zu durchfluten. Ein paar Minuten später war die Dunkelheit der Nacht teilweise verschwunden, und wir konnten nicht weit vor uns eine Gruppe von Strohdächern und ein paar kleine blaue Rauchwölkchen sehen, wo einige Frühaufsteher mit ihren Frühstücksvorbereitungen begonnen hatten. Fast im selben Moment trafen wir auf zwei oder drei Sepoys, die so früh aufs Feld gekommen waren. Sie wurden schnell abgeschlachtet. Wir marschierten weiter, und dann durchbrach ein Karabinerschuss die Stille, gefolgt vom Klappern von Pferdehufen, als ein kleiner Wachposten, der – seltsamerweise – eigentlich auf der Hut war, Alarm schlug und davongaloppierte.

Wir folgten ihnen *ventre a terre* und trieben sie direkt in das Dorf hinein, das sich als klein erwies und in keiner Weise durch Erdwälle geschützt war. Das völlige Fehlen jeglicher Versuche, uns durch Musketenfeuer aufzuhalten, und der Aufruhr im Weiler ließen darauf schließen, dass unser plötzlicher Angriff die Verteidiger in Panik versetzt hatte. Und so beschloss Sanford in seiner üblichen Kühnheit, das Eisen zuzuschlagen, solange es heiß ist. Er schickte zwei kleine Trupps los, die das Gebiet umzingeln und sich uns auf der anderen Seite anschließen sollten. Dann führte er die Hauptgruppe im Galopp die Hauptstraße hinauf und durch das Dorf in die dahinter liegenden Felder, die bereits voller Flüchtlinge waren. Sie waren alle beritten, aber viele hatten es so eilig gehabt, zu fliehen, dass sie keine Zeit gehabt hatten, ihre Pferde zu satteln. Obwohl sie zwei- oder dreimal so viele waren wie wir und uns – wenn sie wirklich gut aufgepasst hätten – leicht hätten abwehren können, waren sie durch die Angst so demoralisiert, dass sie nicht den geringsten Versuch unternahmen, sich zu sammeln, sondern in alle Richtungen flohen, jeder für sich und jeder versuchte, die schnellste Zeit aller Zeiten zu fahren. Man kann sich vorstellen, was für ein Fest das für unsere grimmigen „Führer" war. Bald war die Ebene mit den Leichen ihrer Opfer übersät; und obwohl viele der Rebellen, als sie eingeholt wurden, ihre *Tulwars* so gut einsetzten, wie sie konnten, gelang es ihnen nur, einige unserer Männer leicht zu verwunden.

Ein unglücklicher Kerl, der mir zum Opfer fiel, warf sich von seinem Pferd, als ich ihn fast eingeholt hatte, und versuchte kühn, mir zu Fuß entgegenzutreten, seinen *Tulwar zu ziehen* ; aber je mehr er zog, desto weniger kam es aus der Scheide. Einen Moment lang dachte ich, Angst hätte seinen Arm gelähmt ; aber ich entdeckte später, dass er seinen Griff an die Scheide gebunden hatte und in seiner Eile und seiner ganz natürlichen Aufregung die Befestigung völlig vergessen hatte. Bei einheimischen Schwertkämpfern war es keineswegs ungewöhnlich, ihre *Tulwars auf diese Weise zu befestigen* , um zu verhindern, dass ihre scharfen Kanten durch Reibung stumpf werden.

Drei oder vier Meilen lang setzten wir die Verfolgung fort, bis Sanford zum „Halt" und „Sammeln" rief und unsere verstreuten Männer nach und nach der Aufforderung nachkamen und sich versammelten. Viele von ihnen führten erbeutete Pferde und waren mit Beute in Form von Waffen und Krimskrams beladen, darunter zweifellos viele goldene Mohurs und Rupien, die wir aus den *Kummerbunden* der gefallenen Sowars geholt hatten. Unsere Rückkehr ins Lager an diesem Abend verlief sehr unauffällig. Erst nach Einbruch der Dunkelheit schlichen wir uns hinein, wie wir uns hinausgeschlichen hatten, einzeln oder zu zweit; denn wir waren keineswegs darauf erpicht, dass der General von unserem unerlaubten Abenteuer erfuhr, bis Sanford zumindest Zeit gefunden hatte, sich die vernünftigste Entschuldigung dafür auszudenken.

Als wir unsere müden Beine unter dem Tisch im Messezelt ausstreckten und unsere trockenen Kehlen mit einem willkommenen Schluck „ Tarbund "- Bier erfrischten, freuten wir uns auf eine erholsame Nachtruhe nach den Abenteuern des Tages, denn die Macht sollte nicht wieder aufgenommen werden marschieren bis zum nächsten Morgen. Zu diesem Zeitpunkt brachte ein Ordonnanzbeamter einen offiziellen Brief und überreichte ihn dem befehlshabenden Offizier, dessen Gesicht beim Lesen ein interessantes Bild bot. Er beendete die Lektüre mit einem leisen Pfiff, der eindeutig auf verwirrte Verlegenheit schließen ließ; und teilte dann seinen Inhalt der Tabelle mit. Der Stabsoffizier der Kolonne hatte offenbar die Ehre , ihm mitzuteilen, dass der General die Information erhalten hatte, dass ein bestimmtes Dorf – genau das, in dem wir unseren Morgenbesuch abgestattet hatten – von einem starken Vorposten der feindlichen Kavallerie besetzt sei. Kapitän Sanford wurde gebeten, alle verfügbaren Säbel seines Regiments zu nehmen und diesen Außenposten zu vernichten, wobei er seinen Marsch so planen sollte, dass er, wenn möglich, eine Überraschung über den Tagesanbruch herbeiführte . Sollte sich der Feind als zu stark erweisen, um vertrieben zu werden, sollte Kapitän Sanford mit dem General kommunizieren, der sich auf der zuvor in den Befehlen mitgeteilten Marschlinie befinden würde. Hier war ein ziemliches Dilemma; was war jetzt zu tun? In diesem Stadium der Angelegenheit würde es niemals genügen, zu berichten, dass wir dem General sowohl in Bezug auf die Information als auch in Bezug auf die entsprechenden Maßnahmen zuvorgekommen waren. Er wäre außer sich vor Wut gewesen, also begnügte sich unser kommandierender Offizier damit, den Empfang des Befehls zu bestätigen. Noch einmal, kurz nach Mitternacht, rückten wir aus, diesmal das gesamte Regiment, etwa 250 Mann stark; und marschierte in die gleiche Richtung wie in der Nacht zuvor. Unsere Stimmung war nicht ganz so lebhaft wie bei dieser Gelegenheit, und Sanford war nicht so fröhlich wie gewöhnlich; denn er sah nicht ganz aus der misslichen Lage heraus, in die er geraten war.

Bei Tageslicht erreichten wir das Dorf, das jetzt offenbar verlassen war; Und hier hatten wir einen wunderbaren Glücksfall: In einem der Häuser haben wir einen dummen Kerl gefangen genommen, der, nachdem er uns am Tag zuvor entkommen war, in der Annahme, die Küste sei klar, in der Nacht zurückgekommen war, um einige Dinge zu bergen, die er hatte er hatte vor seinem Abschied keine Zeit zum Packen gehabt. Die Überraschung des armen Kerls war schmerzhaft anzusehen; aber er hellte sich bald auf, als ihm sein Leben unter der Bedingung versprochen wurde, dass er uns an den Ort führte, an dem seine Kameraden Zuflucht gesucht hatten. Dies verpflichtete er sich; und um seine Treue zu gewährleisten, wurden seine Hände fest zusammengebunden und er wurde auf ein streunendes Pony gesetzt, dessen Führstrick einigen Männern übergeben wurde, die den Befehl hatten, ihn zu erschießen, falls er zu fliehen versuchte.

Er sagte, dass wir etwa sechs Meilen weiter die meisten seiner Kameraden finden würden, die ein Biwak im Freien aufgeschlagen hatten, da sie anscheinend genug von Dorfzäunen hatten. Seine Informationen erwiesen sich als vollkommen richtig. Sobald der Feind unsere Späher sah, rannte er, wenn möglich, noch eiliger davon als zuvor. Während der Verfolgung wurden wir wie üblich ziemlich zerstreut. Plötzlich bemerkte ich zwei Gestalten, weit links, die in der Ferne verschwanden, während in großem Abstand hinter ihnen Captain Sanford ritt, gefolgt von einigen Männern. Hinter ihm galoppierte ich, so schnell ich konnte. Als ich ihn schließlich einholte , fand ich ihn und seine Gruppe am Tor eines „Serai" angehalten, in dem sich etwa fünfzig Sowars der Jhujjur- Truppen befanden, deren Pferde an Pflöcken festgebunden waren und – die beste Beute von allen – zwei leichte Messinggewehre.

Die beiden Gestalten, die ich zuerst gesehen hatte, waren einer der Feinde , die von einem unserer Unteroffiziere verfolgt wurden, der allgemein als „Shahzada" bekannt war und von dem man vermutete, dass er nicht besonders mutig war. Der Leser wird jedoch beurteilen, ob der Verdacht begründet war. Bei der Verfolgung hatte er einen der Feinde ausgewählt , der ihn, da er fast so gut beritten war wie er selbst, auf eine lange Jagd durchs Land geführt hatte; aber er war an ihm drangeblieben, bis er ihn im Serai zu Boden getrieben hatte, an dessen Tor der Shahzada anhalten musste, denn es war voller „ Muffs ". Unbeirrt zog er aus seinem Gürtel eine riesige Pferdepistole, deckte damit die Menge in allgemeiner Weise zu, teilte ihnen mit, dass der „Führer Rissala " – ein Schreckensname für die Rebellen – ihm dicht auf den Fersen sei, und drohte, dem ersten Mann, der sich rührte, ein Loch ins Gesicht zu bohren. Die feige Mannschaft, die zweifellos alles über die Überraschung und das Gemetzel des Vortages gehört hatte, war zu verängstigt, um sich zu bewegen. Wenige Augenblicke später verstärkten Sanford und seine Männer die Shahzada, und als ich ankam, hielten sie alle Wache am Tor. Bald darauf stießen wir zum Hauptteil des Regiments, und dann wurden die Gefangenen gesichert, ihre Pferde beschlagnahmt, und Sanford setzte sich leichten Herzens hin, um eine kurze Depesche an den General zu verfassen, in der er ihn darüber informierte, dass wir fünfzig Gefangene und zwei Messinggewehre erbeutet hatten. Diese wurde ohne Zeitverlust abgeschickt, und wir begannen unseren Marsch, um uns wieder der Kolonne anzuschließen, aber wir erhielten den Befehl, dort zu bleiben, wo wir waren, da die Kolonne zu uns kommen würde. Also kehrten wir denselben Weg zum Serai zurück. Ob Captain Sanford bei der Ankunft des Generals reinen Tisch machte und ihm die ganze Geschichte der Angelegenheit vom Vortag erzählte oder nicht, weiß ich nicht. Jedenfalls hörten wir nie wieder etwas davon.

Der Fang von Pferden war immer willkommen, denn nur so konnten wir Verluste unter unseren eigenen Pferden ersetzen; und in jenen Tagen gab es recht häufig Verluste aufgrund von Verletzungen und harter Arbeit. Wir wählten die besten Gefangenen aus und übergaben sie an die Truppen; und die anderen und diejenigen, die wir unter unseren eigenen Tieren abgelehnt haben, im Lager versteigern. Bisher hatten wir einen solchen Kriegspreis immer als unsere eigenen Vorzüge betrachtet; und niemand hatte uns gestört. Nun kam es jedoch vor, dass eine Abgabe berittener Polizisten erhoben wurde; und diese Menge Pferde wurde für sie requiriert. Wir waren zu unserem großen Entsetzen gezwungen, uns von einigen von ihnen zu trennen; aber ich habe die kluge Vorstellung, dass viele der Besten in unseren Reihen weiterhin auf Streikposten blieben. Ich für meinen Teil war entschlossen, bei einer sehr hübschen Roan-Stute zu bleiben, die ich ihrem früheren Besitzer entzogen hatte, nachdem er es außer Kraft gesetzt hatte, sie oder eine andere Stute mehr zu reiten. Ob der Beamte, dem die erbeuteten Tiere übergeben werden sollten, vermutete, dass einige zurückbehalten oder gegen „Schrauben" ausgetauscht wurden, kann ich nicht sagen; aber wir hörten, dass einer der Gefangenen um unsere Linien geschickt werden sollte, um sie zu identifizieren. Bevor er kam, war die Roan-Stute sorgfältig gestriegelt, ihre Mähne und ihr Schweif gestutzt worden, ihr waren mein Militärsattel und mein Zaumzeug angelegt und eine Decke war achtlos über den Sattel und ihre Lenden geworfen worden. Sie sah sehr stürmerähnlich aus und ganz anders als vor einer Stunde. Als der Gefangene zu seinem Inspektionsbesuch kam, schaute er sie nicht einmal an, sondern richtete seinen Blick auf einen grauen Araber, für den ich einige Monate zuvor einen hohen Preis gezahlt hatte, und nachdem er vorgab, ihn von ganzem Herzen kritisch zu beäugen, erklärte er selbstbewusst: dass er eines der gefangenen Pferde war. Ein solch offensichtlicher Fehler diskreditierte seine Aussage effektiv; und er wurde mit Schmach aus unseren Reihen vertrieben. Manche harte Tagesarbeit leistete diese Roan-Stute danach; und ich gehe davon aus, dass sie dem Staat genauso gedient hat, als sie einen Offizier der irregulären Kavallerie beförderte, wie sie es getan hätte, wenn sie sich dem neuen Heer angeschlossen hätte.

Diese Stute war die einzige „Beute", die ich mir während der Meuterei erlaubte, und da sie buchstäblich „Gefangene meines Bogens und Speers" war, insofern diese Waffen durch eine Wilkinson-Klinge repräsentiert wurden, kann ich nicht das Gefühl haben, dass ich sehr schuldig war, sie behalten zu haben. Bei mindestens einer Gelegenheit war ich jedoch einer schweren Versuchung ausgesetzt. Wir hatten eine verlassene Stadt in Besitz genommen, und unsere Männer waren eifrig damit beschäftigt, „nach Waffen zu suchen", ein Euphemismus, der die Suche nach vielen wertvolleren Gegenständen umschrieb, als ich in einen Hof unter einem Tor ritt, das so niedrig war, dass ich mich am Hals meines Pferdes festhalten musste, um meinen eigenen nicht zu brechen. Als ich den Hof überquerte, wo eine Gruppe meiner Offizierskameraden stand, sank ein Huf meines Pferdes tief in den Boden, der sonst so hart war wie ein Steinpflaster. Dies war ein ausreichender Hinweis für uns, zu graben: und wir gruben unverzüglich. Stellen Sie sich unsere Aufregung vor, als wir in einer Tiefe von zwei oder drei Fuß auf den Deckel einer großen Eisentruhe stießen. Einige unserer Männer hatten uns mit einheimischen Spaten und Hacken geholfen, die in den Hütten herumlagen. Jetzt stellten wir ein paar von ihnen als Wache am Tor auf, um Eindringlinge abzuschrecken, während wir unsere Arbeit verdoppelten und es nicht lange dauerte, bis wir die schwere Kiste aus ihrer Öffnung gehoben hatten. Sie war verschlossen und widersetzte sich eine Zeit lang all unseren Versuchen, sie aufzubrechen. Während dies geschah, nutzte der stets wachsame Vater des Bösen seine Gelegenheit. Es bestand kein Zweifel, dass die so sorgfältig versteckte Kiste voller barbarischem Gold und Edelsteinen sein musste. Warum sollten wir all diesen Reichtum den Beuteagenten übergeben? Ihre Operationen beschränkten sich auf Delhi. Dieses Dorf lag eindeutig außerhalb ihres Einflussbereichs. Sie und ihre Angestellten würden sich ihm nie nähern. Ohne uns wäre die Kiste nie entdeckt worden. Während solche Gedanken frei geäußert und eifrig diskutiert wurden, wurde der Deckel der Kiste irgendwie aufgebrochen und dann kam eine Masse von Dokumenten zum Vorschein, Unmengen von Papieren mit Steuermarken, zahlreiche unbenutzte Briefmarken und absolut nichts anderes. Obwohl diese Papiere für uns wertlos waren, waren sie dennoch von großer Bedeutung und großem Wert, wie uns die politischen Beamten, denen sie übergeben wurden, mitteilten.

Schließlich hatte der „alte Clootie" seine Zeit nicht verschwendet. Es war ihm gelungen , einige von uns die Macht einer guten, soliden Versuchung spüren zu lassen, und ich wage zu behaupten, dass er insgeheim über unsere Enttäuschung lachte, ihr nicht erliegen zu dürfen.

In derselben verlassenen Stadt vermutete man, dass sich ein gewisser „ Chobdar ", eine Art orientalischer „Goldstab" des alten Königs, versteckt hielt; und da er besonders von Sir John Metcalfe, dem politisch verantwortlichen Beamten von Delhi, „gesucht" wurde, leiteten wir eine sehr energische Suche nach ihm ein. Ein junger einheimischer Bursche war durch die Schmeicheleien von H. überzeugt worden, uns zu einer Gruppe von Hütten zu führen, von denen er behauptete, dass wir in einer davon sicherlich das Ziel unserer Suche finden würden. Eine Stunde oder länger jagten wir erfolglos, als mir in einem kleinen dunklen Raum eines der großen aus Lehm gebauten Krüge auffiel, in denen die Eingeborenen ihr Getreide aufbewahren. Dabei handelt es sich, um es grob zu beschreiben, um einen an beiden Enden geschlossenen Abschnitt einer Röhre mit einem Durchmesser von etwa einem Meter und einer Höhe von fünf bis sechs Fuß, der an einem Ende aufrecht steht. Nahe der Oberseite wird in die Seite ein kreisförmiges Loch geschnitten, in das das Getreide gegossen wird, und auf dieses Loch wird ein Deckel aufgesetzt. Möglicherweise kamen mir Morgiana und die vierzig Diebe in den Sinn. Jedenfalls nahm ich den Deckel ab, steckte die Mündung meines Revolvers in den Behälter und forderte den möglichen Insassen auf, herauszukommen. Die Pistole traf sicherlich etwas, das nachgab. Also streckte ich meinen Arm hinein und ergriff – einen dicken Bart. Ein langer Zug und ein starker Zug – und heraus kam der Chobdar in voller Länge!

Ich übergab ihn meinem Vorgesetzten, der ihn den politischen Behörden übergab, die ihn aus zweifellos hinreichenden Gründen an einem Ast aufhängten.

Schließlich kam die Zeit, als wir mit dem Nawab von Jhujjur Verhandlungen führen sollten . Dieser Rebellenführer erwartete uns zu Hause in seiner Hauptstadt, wo er eine beträchtliche Streitmacht versammelt hatte.

Eines Tages, nach einem langen Marsch, der unsere Kolonne bis auf wenige Meilen an Jhujjur herangeführt hatte , waren wir, die Führerkavallerie und ein Trupp irregulärer Reiterei unter Hauptmann Pearse, nicht wenig angewidert, als wir den Befehl erhielten, unsere Schritte sofort umzukehren bis zu einem Punkt, nicht weit von dem Punkt entfernt, von dem wir gerade gekommen waren. Für den subalternen Geist schien diese Vereinbarung keinen Sinn zu haben; Und da unser kommandierender Offizier uns nicht über den Grund dafür aufklärte, murrten wir viel, während wir eilig unsere Pferde tränkten und fütterten und dann den ermüdenden Rückmarsch antraten.

Am späten Nachmittag waren wir an unserem Ziel angekommen und wurden gewarnt, uns kurz nach Mitternacht zum Weitermarsch bereit zu halten. Kurz vor Einbruch der Dunkelheit war ich allein einige hundert Meter vom Lager entfernt und auf dem Rückweg, als ich plötzlich zwischen einigen niedrigen Sandhügeln von einem „ Sowari "-Kamel mit zwei einheimischen Reitern konfrontiert wurde. Es dauerte etwa eine Sekunde, ihnen meinen Revolver zu zeigen und sie zum Anhalten aufzufordern; und sie waren so verblüfft, dass sie sofort gehorchten. Dann ließ ich sie absteigen und ihr Kamel vor mir zum Lager führen. Es wäre für sie weitaus besser gewesen, wenn sie mein Feuer riskiert und versucht hätten zu fliehen; denn bei ihnen wurde ein Brief gefunden, den sie an den Jhujjur Nawab mit sich trugen und der die Neuigkeiten über unsere Bewegungen und eine Schätzung unserer Stärke enthielt. Sie zahlten die Strafe, die in allen Kriegen von Spionen verlangt wird. Wie sich herausstellte, war ihre Gefangennahme ein äußerst glücklicher Zufall; denn als unsere kleine Säbeltruppe in der Dunkelheit der Nacht zum Marsch antrat, erfuhren wir zum ersten Mal den Grund für unsere exzentrischen Bewegungen. Offenbar hatte General Showers vor, Jhujjur an diesem Morgen von der Seite anzugreifen, die der entgegengesetzten Seite entsprach, wo wir jetzt stationiert waren. Dass er uns mitgenommen und dann zurückgeschickt hatte, war eine *Kriegslist* , deren Zweck der Leser leicht erraten wird. Er hielt es für mehr als wahrscheinlich, dass der Nawab und seine Truppen, wenn sie aus Jhujjur vertrieben würden – da sie dachten, die Luft sei in unserer Richtung rein – diesen Weg zu einer anderen festen Stellung hinter uns nehmen und uns in die Hände fallen würden.

Wir wurden ermahnt, so wenig Lärm wie möglich zu machen, und das Rauchen war strengstens verboten. Bis wir Jhujjur erreichten, mussten wir noch viele Meilen zurücklegen , also machten wir uns auf den Weg. Kurz vor Tagesanbruch hörten wir eine ferne Stimme, die fröhlich sang und immer lauter wurde, je näher sie uns kam. Es stellte sich heraus, dass der Minnesänger zu einer kleinen Gruppe von Sowars gehörte, die die ungeheuerlichsten Feiglinge der Jhujjur- Garnison gewesen sein mussten, denn sie waren offenbar lange vor allen anderen geflohen; und gratulierten sich zweifellos zu ihrer rechtzeitigen Flucht vor den wilden „ Feringhis “, als sie sich zu ihrem Entsetzen in unserer Mitte wiederfanden. Ein paar schnelle Stahlblitze und ihre Lieder waren für immer vorbei .

Der Tag begann allmählich anzubrechen, während wir eifrig weiterzogen und in Abständen andere kleine Gruppen trafen, von denen keine einzige entkam, obwohl einige verzweifelt um ihr Leben kämpften. Schließlich, kurz bevor die Sonne aufging, als wir uns dem Gipfel eines ansteigenden Geländes näherten, das wir hinaufstiegen, galoppierten unsere Späher zurück mit der Nachricht, dass die Hauptmasse der Flüchtlinge in Sichtweite sei. Wir bildeten sofort in ganzen Reihen eine Linie zur Front, eine Formation, die, wie ich zum Nutzen ziviler Leser erklären möchte, aus nur einer statt aus zwei Reihen besteht und die natürlich die Ausdehnung der Front verdoppelt; Denn unser Anführer wollte den Feind durch eine imposante Machtdemonstration in Angst und Schrecken versetzen, da er zu Recht schätzte, dass er aus der Ferne nicht sehen würde, dass wir keine Nachhut hatten. Unsere Linie rückte bis zum Gipfel der Anhöhe vor und eröffnete uns dann einen Anblick, den wir nie vergessen werden.

Ein sanfter Abhang erstreckte sich von uns weg und endete in einer weiten Ebene, die von einer riesigen Menschenmenge bedeckt war, die in einem ungeordneten Mob auf uns zukam. Kämpfende Männer zu Pferd und zu Fuß – auf Kamelen – auf einem oder zwei streunenden Elefanten – in Ochsenkarren und „ Ekkas “ – ohne jegliche Disziplin oder regelmäßige Formation, vermischt mit Hunderten von Nichtkombattanten, die alle stürmisch vorwärts drängten.

Einen Moment lang hielt unsere lange Linie direkt vor dem Feind an. Dann erklangen die Befehle: „Macht euch bereit, die Schwerter zu ziehen." – „Zieht die Schwerter." Unsere Säbel blitzten auf und glänzten in den Strahlen der aufgehenden Sonne. „Im Schritt vorwärts", „Marsch", „Trab", „Galopp", „Angriff". Wir donnerten den Abhang hinunter. Wie der Sand auf einer trockenen Ebene, der von einem plötzlichen Sturm erfasst wird, zerbrach der dichte Mob vor uns mit einem wilden Schrei der Verzweiflung in Stücke und floh – vergebens! Unser Schwung trug uns mitten unter sie. Meilenweit verfolgten wir sie und die Verluste, die wir denen zufügten, die Waffen trugen, waren schwer.

Theoretisch sollte die Kavallerie jederzeit gut unter Kontrolle und unter perfekter Kontrolle gehalten werden. In der Praxis wäre es genauso einfach, die Winde zu bändigen, nachdem sie aus dem Sack von Aeolus ausgebrochen sind , wie die Kavallerie zu kontrollieren, sobald sie zur Verfolgung losgeschickt wurde. Was könnte man sonst erwarten? Der Feind, wenn er beritten ist, flüchtet in alle Richtungen und in rasendem Tempo. Wenn er eingeholt und vernichtet werden soll, müssen sich auch die Verfolger zerstreuen, und zwar in noch größerem Tempo. In wenigen Minuten kann man meilenweit ein sich rasch ausbreitendes Feld mehr oder weniger isolierter, sich schnell bewegender Gruppen zurücklegen. Das war jedenfalls unsere häufige Erfahrung während der Meuterei-Feldzüge. Das einzige Gegenmittel wäre gewesen, ausnahmslos eine starke Reserve zu halten; aber diese Vorsichtsmaßnahme war bei so verachtenswerten Gegnern kaum notwendig. Nach den ersten Kräftemessen hatten die Rebellen gründlich gelernt, dass eine Begegnung mit unseren Truppen auf offenem Feld ausnahmslos eine Niederlage bedeutete und dass die Folgen einer Niederlage furchtbar waren. Da sie weder wirkliche Disziplin noch Organisation besaßen und kein Vertrauen in ihre Anführer hatten, begegneten sie uns immer mit etwas, das man am besten als nervöses Zögern beschreiben kann; und ihre Schnelligkeit beim Durchgehen war oft erstaunlich. Häufig wandten sich einzelne Männer und kleine Gruppen ab, um tapfer zu kämpfen; aber normalerweise erst, nachdem auch sie dem allgemeinen Impuls der Panik nachgegeben und sich für eine Weile der Massenpanik angeschlossen hatten.

Bei dieser Verfolgung hatte ich das Glück, einen Meuterer zu töten, der zweifellos an der Ermordung eines Europäers beteiligt gewesen sein musste, denn ich fand bei ihm einen goldenen Trauerring, auf dessen Reif in schwarz emaillierten Buchstaben die Worte „In Erinnerung an" standen ." Der Stein, auf dem offenbar ein Name stand, fehlte. Der Unglückliche wehrte sich nicht, sondern starb wie ein Hund, mit meiner Klinge in seinem Rücken. Als ich bemerkte, dass sich sein *Kummerbund* deutlich wölbte, entrollte ich ihn; Und aus seinen Falten fielen eine Menge Rupien und andere Dinge, darunter der Ring, den ich nahm und den Rest der Beute jedem überließ , der geneigt sein könnte, ihn aufzuheben. Ich steckte den Ring an einen meiner Finger und beschloss, bei Gelegenheit einen Blutstein mit der Jahreszahl 1857 hineinstecken zu lassen.

Zu meinem großen Bedauern stellte ich später am Tag fest, dass der Ring, der für meinen Finger ziemlich locker war, abgerutscht war und verloren ging.

Man muss zugeben, dass wir, als wir uns dem Rendezvous in Jhujjur anschlossen , in den letzten achtundvierzig Stunden einen beträchtlichen Teil der Arbeit erledigt hatten; aber es erwartete uns noch mehr. Der Nawab war ein Gefangener in den Händen des Generals, der beschloss, ihn unverzüglich in sein Hauptquartier nach Delhi zu schicken; und uns wurde befohlen, ihn zu begleiten. Dementsprechend wurde der Nawab, ein schwerer, korpulenter Mann, am Nachmittag in einen Doolie gelegt , der mit einer großen Anzahl von Trägern ausgestattet war; und wieder waren unsere müden Pferde unterwegs. Ich habe vergessen, wie groß die Entfernung zwischen Jhujjur und Delhi war; aber ich erinnere mich noch gut daran, dass der Marsch sehr lang und ermüdend war; und dass wir es erst im Morgengrauen des nächsten Tages fertig hatten und unseren Gefangenen anderen Wächtern übergeben konnten.

Er wurde ordnungsgemäß vor Gericht gestellt, für schuldig befunden und im Chandni Chowk, der Hauptstraße von Delhi, gehängt.

VI.
UNTERWEGS NACH LUCKNOW.

Ungefähr zu dieser Zeit nutzte ich die Gelegenheit, ein paar Tage Urlaub zu bekommen, um nach Meerut zu fahren. Bald nach meiner Rückkehr erhielt das Korps der Führer, das seit seiner Ankunft im Lager vor Delhi nach seinem berühmten Gewaltmarsch von der fernen Grenze ununterbrochen Dienste geleistet hatte, die von keiner anderen Truppe übertroffen wurden, die die Ehre hatte, an der Belagerung teilzunehmen, den Befehl, nach Hoti Murdan zurückzukehren . Seine Verluste sowohl bei der Kavallerie als auch bei der Infanterie des Regiments waren so hoch, dass es unbedingt notwendig wurde, ihre Plätze mit Rekruten zu besetzen.

Zu meinem großen Bedauern endete dann meine Verbindung zu diesem angesehenen Regiment; Aber solange ich lebe, wird es für mich immer eine Quelle des Stolzes sein, dass ich das Privileg hatte, während der denkwürdigen Belagerung von Delhi, auch nur für so kurze Zeit, damit dienen zu dürfen.

Obwohl Delhi gefallen war und der Punjab sicher war, war der Aufstand in den Provinzen Nordwesten und Oudh noch lange nicht niedergeschlagen. In diesen Gegenden gab es immer noch reichlich Service; und ich war natürlich bestrebt, den Weg zu ihnen zu finden. Damals war es glücklicherweise nicht sehr schwierig, an die Front zu gelangen, wenn es zu Kämpfen kam. Für jeden gab es Arbeit , und zwar in Hülle und Fülle. Seitdem musste sich so mancher eifrige Soldat ohne einflussreiche Freunde im Hauptquartier damit begnügen, von der Reihe der „kleinen Kriege" ausgeschlossen zu sein, in denen es so viele Medaillen, Auszeichnungen und Brevet-Beförderungen gibt, die scheinbar von der Vorsehung bereitgestellt werden für den schnellen Aufstieg im Dienst seiner glücklicheren Kameraden, die über die besten militärischen Qualifikationen verfügen – „Interesse".

Um jedoch nicht abzuschweifen, bot sich mir die Gelegenheit, zur 1. irregulären Sikh-Kavallerie versetzt zu werden, einem Korps, das vom verstorbenen Kapitän Wale im Punjab neu aufgestellt worden war und von ihm kommandiert wurde; und die ungefähr zu dieser Zeit *auf dem Weg* nach Delhi kam, um sich den Streitkräften von Sir Colin Campbell im Süden anzuschließen. Dieses Regiment begann unter Wale eine bemerkenswerte Karriere, die es unter Probyn in China fortsetzte. Es ist jetzt das 11. Prince of Wales's Own Bengal Lancers und genießt immer noch seinen hohen Ruf unter den vielen hervorragenden Regimentern, aus denen die Bengal- und Punjab-Kavallerie besteht. Eine Reitertruppe, die, was die besten Qualitäten der leichten Kavallerie betrifft, mit Sicherheit von keiner anderen Truppe der Welt übertroffen wird.

Wenn die eleganten 11th Bengal Lancers sich selbst so sehen könnten, wie sie aussahen, als sie im Winter 1857 als 1st Sikh Irreguläre die große Fernstraße von Delhi entlang marschierten, wären sie nicht wenig amüsiert und erstaunt. Jede Art von Gebiss, Zaumzeug, Sattel- *Tulwar* – jede Art von Pferd, Ganzpferd, Stute und Wallach – in allen Größen, von 15 Händen bis zu Tieren, die kaum größer als Ponys sind. Dies war die Ausrüstung und Zusammensetzung des Regiments; und unsere Vorstellungen von Drill waren zunächst ebenso primitiv. Es war alles, was wir tun konnten, um „Dreier rechts" oder „links" zu bilden. Die Männer jedoch – wenn nicht zwei von ihnen gleich ritten und keiner von ihnen einen „Kavalleriesitz" hatte – waren unbestreitbar Reiter; und es war nie schwierig, sie, wenn ein Feind vor ihnen war, dazu zu bringen, eine Art Linie nach vorne zu bilden und genauso schnell und gerade zu reiten, wenn auch nicht mit ganz so guter „Bekleidung", wie die besseren ausgebildete Truppen der Gegenwart.

Auf unserem ersten Marsch von Delhi ereignete sich ein komischer Vorfall, der jedoch leicht hätte ernster werden können. Ich fuhr mit den Vorhuten, als eine junge Eingeborene, die mit beiden Händen ein sehr langes, gerades, zweischneidiges Schwert schwang, wie es häufig von Akrobaten bei Indianerfesten verwendet wird, plötzlich mitten auf der Straße erschien und uns den Weg versperrte . Die Kreatur muss verrückt gewesen sein oder unter dem Einfluss von „Bhang" oder einem anderen Rauschmittel gestanden haben; denn sie überschüttete uns mit einer Flut von Beschimpfungen, während sie energisch die lange, dünne Klinge schwang. Einen Moment lang war ich verblüfft: Die Situation war so völlig neu! Verrückt oder vernünftig, das Virago meinte es offensichtlich ernst. Es war offensichtlich nicht möglich, kampflos an ihr vorbeizukommen; und das kam überhaupt nicht in Frage.

„Erschieß sie, Sahib", sagte einer der Sowars neben mir, wenig beunruhigt über die höfliche Rücksichtnahme auf das Geschlecht, die die Pflichten einer verweichlichten Zivilisation seinem britischen Offizier auferlegten. In diesem Moment schoss mir wie durch eine Inspiration ein „glücklicher Gedanke" durch den Kopf. „Gib ihr *Galee* ", (Beschimpfung) sagte ich zum Sowar; „Und gib ihm heiß und kräftig, und zwar reichlich." Die grinsende Sowar begriff die Idee sofort und eröffnete der unglücklichen jungen Person und ihren weiblichen Verwandten so viel Missbrauch der abscheulichsten und umfassendsten Art, dass ihr eigenes Feuer sofort zum Schweigen gebracht wurde. Ermutigt durch diesen Erfolg verdoppelte der Sowar seine Anstrengungen; und schleuderte so schreckliche und beschämende Worte mit solcher Wucht und Präzision, dass die Niederlage des Feindes schnell vollendet war. Sie ließ ihr Langschwert fallen, steckte die Finger in die Ohren und floh mit einem entsetzten Schrei. und wir marschierten triumphierend weiter und kicherten über den Erfolg unserer Taktik.

Während des langen, staubigen Marsches nach Cawnpore geschah nichts besonders Aufregendes. Auf einem beträchtlichen Teil des Weges mussten wir einen riesigen Zug leerer Ochsenkarren eskortieren, der für Sir Colins Armee bestimmt war; und unsere Aufgaben waren äußerst eintönig. Wir hätten einen Angriff auf unseren Konvoi herzlich begrüßt; aber es wurde nie etwas gemacht.

In Cawnpore wurde ich als Kommandeur einer Abteilung von fünfzig Säbelsoldaten zurückgelassen , während das Hauptquartier des Regiments weiter nach Alumbagh in der Nähe von Lucknow verlegt wurde. Das war eine schwere Enttäuschung für mich; Aber wie sich herausstellte, hätte nichts glücklicheres passieren können.

Nachdem wir mit einer Kolonne unter Brigadegeneral Cardew hin und wieder durch das Land marschiert waren und in dieser Zeit nichts Nennenswertes passierte, kehrten wir nach Cawnpore zurück und blieben dort eine Weile. Mein damaliger Kamerad und Subalternkollege war der heutige Leutnant (Oberst) Sir Robert Sandeman, *KCSI* , dessen Weisheit, Taktgefühl und Beharrlichkeit Indien seine gegenwärtige uneinnehmbare Grenze im Nordwesten und die allmähliche Bekehrung der wilden Stämme Belutschistans verdankt in freundliche und friedliche Gemeinschaften. Eines Tages ritten er und ich aus, um unsere Freunde, das 3. Bataillon der Schützenbrigade, in Unao an der Straße nach Lucknow zu besuchen , wo sie unter dem Kommando von Oberst Macdonell ihr Lager aufgeschlagen hatten. Während ich dort war, nahm mich der Colonel beiseite und teilte mir mit, dass gerade ein Bote mit einer dringenden Bitte um Hilfe aus einem Dorf einige Meilen nördlich angekommen sei, das von einer kleinen Polizeieinheit kontrolliert werde. Das Dorf, das, wie die meisten anderen in Oudh zu dieser Zeit, glücklicherweise durch eine starke und hohe Lehmmauer geschützt war, wurde von einer Streitmacht von einigen Hundert Rebellen angegriffen; und wenn ihre Verteidiger nicht schnell abgelöst wurden, bestand die Gefahr, dass ihnen die Munition ausging. Es wurde umgehend vereinbart, dass Sandeman und ich nach Cawnpore zurückgaloppieren, General Sir John Inglis den Stand der Dinge melden und seine Erlaubnis einholen sollten, unsere Abteilung so schnell wie möglich quer durch das Land an einen Punkt etwa drei Meilen vom bedrohten Posten entfernt zu bringen. wo wir uns einigen Kompanien der Schützenbrigade anschließen und zu deren Ablösung aufbrechen sollten.

So schnell unsere Pferde uns tragen konnten, machten wir uns auf den Weg. Es war spät am Abend, als wir ankamen; Sandeman ging direkt zu unseren

Linien, um unsere Männer rauszuholen, während ich zum Fort ging und ein Interview mit Sir John Inglis bekam.

Zunächst war er offenbar nicht geneigt, einen so jungen Offizier nachts mit einer Abteilung, die so weit von der Unterstützung entfernt war, in die Wildnis entführen zu lassen; aber schließlich hörte er sich meine Argumente an, und nachdem er mir eingeschärft hatte, dass ich auf Befehl von Colonel Macdonell handeln sollte, erlaubte er mir zu gehen.

Stellungen erreichte, fand ich die Männer bereits beritten und „abgemeldet" vor und frische Pferde standen für Sandeman und mich bereit, so dass wir sofort losfuhren. Nachdem wir die Bootsbrücke überquert hatten, marschierten wir querfeldein in schräger Richtung links von der Straße. Es war bereits dunkel geworden, aber wir hatten den Vorteil, dass es noch etwas Mondlicht gab, und konnten uns ziemlich schnell bewegen. Als wir am Treffpunkt ankamen, war weder von Colonel Macdonell noch von seinen Gewehren etwas zu sehen; aber ein einheimischer Bote gab mir einen Brief von ihm, in dem stand, dass der Colonel nach seiner Abreise von Unao dorthin zurückgekehrt war, als er hörte, dass die Rebellen bei Einbruch der Nacht die Belagerung des Dorfes aufgehoben und sich in ein anderes, einige Meilen entferntes Dorf zurückgezogen hatten. Dies war nach unserer langen Reise nach Cawnpore und zurück eine schreckliche Enttäuschung.

Möglicherweise hielt es der Oberst jedoch für unerwünscht, dem Feind mit Infanterie so weit zu folgen, und wünschte, dass ich dies mit meiner Truppe täte. Der Gedanke kam mir kaum in den Sinn, als seine „süße Vernünftigkeit" in mir zu wachsen begann; und ich hatte mich sehr bald davon überzeugt, dass das noch ungeöffnete Schreiben Anweisungen enthielt, die meinen Wünschen entsprachen. Leider war es jedoch zu dunkel, um den Brief ohne Licht zu lesen, und ich hatte keine Streichhölzer! Kurioserweise hatte Sandeman das auch nicht getan! Jedenfalls fanden wir keines in unseren Taschen, also hielten wir einen kurzen Kriegsrat ab; und beschlossen, dass wir es in Ermangelung von Anweisungen für unsere Pflicht hielten, in das kürzlich belagerte Dorf zu gehen und so viel wie möglich über die Bewegungen des Feindes zu erfahren. Wir nahmen den Boten als Führer mit und hatten nach einer weiteren Stunde unser Ziel erreicht.

Die tapferen Verteidiger freuten sich, uns zu sehen; aber sie teilten uns mit, dass die Rebellen nicht weit gegangen seien und sicherlich am Morgen zurückkehren würden; und sie flehten uns an, sie nicht ihrem Schicksal zu überlassen.

Als wir uns erkundigten, wie viele Kämpfer sie aufbringen könnten, stellten wir fest, dass sie etwa hundert Musketen und Luntenschlösser herstellen konnten. Dann fragte ich sie, was ihrer Meinung nach die Stärke des Feindes sei. Ungefähr fünf- oder sechshundert sagten sie. Unter Berücksichtigung orientalischer Übertreibungen schätzten wir, dass zweihundertfünfzig oder dreihundert der Marke wahrscheinlich näher kommen würden; Also fragte ich sie, ob sie bereit wären, uns zu begleiten und ihre verstorbenen Angreifer zu verprügeln, die wir sicherlich ziemlich unvorbereitet auf unseren Mitternachtsbesuch vorfinden würden. Mit größter Bereitwilligkeit stimmten sie zu: So traf ich ohne Zeitverlust meine Dispositionen und stellte meine kleine Armee in der Reihenfolge auf, die sie bis zum Moment des Angriffs beibehalten sollte. Im Zentrum gelang es mir mit einiger Mühe, die Polizei und die bewaffneten Dorfbewohner dazu zu bringen, sich in einer Reihe aufzustellen, und ihnen klarzumachen, dass man sie mit Sicherheit für eine Kompanie halten würde, wenn sie diese Formation beibehalten könnten , bis wir mit dem Feind in Berührung kamen der gefürchteten *Gora Logue (weiße Truppen), was für uns ein großer* Vorteil wäre . Meine eigene Gruppe teilte ich in zwei Gruppen zu je 25 Säbeln auf und platzierte einen an jeder Flanke, wobei ich das Kommando über die linke Seite an Leutnant Sandeman und die rechte an einen einheimischen Offizier übertrug, bis zum Zeitpunkt des Angriffs, als ich vorschlug, sie anzuführen . Dann erklärte ich den Angriffsplan und achtete sehr darauf, dass jeder meiner bunt zusammengewürfelten Verbündeten ihn gründlich verstand und die äußerste Notwendigkeit erkannte, ihn einzuhalten. Ein Führer wurde vor der Mitte der Linie aufgestellt, wo ich meine Position einnahm; und ihm wurde befohlen, mich direkt zum Lager der Rebellen zu führen, die, wie uns versichert wurde, „ im Biwak" in der Nähe eines etwa drei Meilen entfernten Dorfes gefunden werden würden. Allen wurde strengstes Schweigen auferlegt. Da mein Ziel darin bestand, den Feind zu überraschen und über ihn herzufallen, ohne ihm auch nur den geringsten Hinweis auf unsere Annäherung zu geben, schickte ich keinen einzigen Späher nach vorne. Die Linie sollte ruhig und stetig vorrücken, bis ich ein lautes „Hurra" ausstoßen würde, das für die Polizei und die Helden des Dorfes das Signal sein sollte, jede Muskete, die sie hatten, „abzuwerfen" und mit aller Lunge zu schreien, wann Die Kavallerie von beiden Flanken würde angreifen, ebenfalls mit Geschrei.

Wenn das alles nicht das Mark in den Knochen vieler verschlafener Pandies gefrieren ließe , schmeichelte ich mir, nichts würde es tun!

Also machten wir uns auf den Weg über die Felder – die weiche Erde dämpfte alle Geräusche – meine improvisierte Infanterie hielt eine wirklich wundervolle Linie – und alle waren eifrig wie Panther.

Nach etwa einer Stunde flüsterte mir der Führer zu, dass wir uns unserer Beute näherten, aber nichts zu sehen sei. Die Nacht war zwar nicht stockfinster, aber so dunkel, dass alles, was sich in einer Entfernung von dreißig oder vierzig Metern befand, verdeckt war. Glücklicherweise befand sich hinter uns nun ein Baumgürtel, der uns von vorn wirksam davor bewahrt haben musste, gesehen zu werden. Plötzlich bemerkte ich die *Silhouette* einer Männergestalt vor dem Horizont, die sich langsam bewegte, anscheinend auf einer niedrigen Mauer entlang. Fast im selben Augenblick erklang von der undeutlichen Gestalt eine laute Herausforderung: „Hookumdar !" Er musste durch ein Geräusch aufgeschreckt worden sein, denn er konnte uns nicht gesehen haben.

Ich hielt den Atem an, denn ich fürchtete, meine Dorfbewohner könnten aufgeregt werden und meine Pläne durchkreuzen, indem sie zu schießen begannen; aber sie benahmen sich bewundernswert und schlichen stetig weiter. Jetzt waren wir nur noch vierzig Meter vom Wachposten entfernt. „ Hookumdar !", schrie er wieder. Wir hockten uns noch ein paar Meter vorwärts, als der Wachposten, jetzt völlig alarmiert, noch einmal „ Hookumdar " brüllte und seine Muskete abfeuerte. Jetzt war der Moment gekommen! Ich gab das Signal „Hurra", so laut meine Lunge es zuließ, und galoppierte zu meiner Sowar-Gruppe, während die Reihe der Dorfbewohner gleichzeitig alle ihre Feuerwaffen abfeuerte und in ein wildes Gebrüll ausbrach, gegen das die schlimmsten Versuche eines Rudels verrückter Schakale ein schwacher Witz gewesen wären.

Ein paar Sekunden bedeckten den Boden zwischen uns und dem Biwak der Rebellen und brachten uns zu einem flachen Graben und einer niedrigen Mauer, die zwar ein oder zwei unserer Pferde zu Fall brachte, den wütenden Angriff jedoch keinen Moment aufhielt. Die Überraschung war so groß und so völlig unvorbereitet, dass außer ein paar vereinzelten Musketenschüssen, die in Panik harmlos abgefeuert wurden, nicht der geringste Versuch unternommen wurde, Stellung zu beziehen. Als die elenden Pandies , halb benommen vom Schlaf, vom Boden und von den Charpoys, auf denen sie gelegen hatten, aufsprangen, müssen sie von den teuflischen Schreien und dem Brüllen der Musketen, die für viele von ihnen ihr letztes Ende waren, völlig verwirrt gewesen sein. Wecken;" und sie flohen Hals über Kopf in alle Richtungen auf die Felder, verfolgt und gnadenlos getötet von den Sikh-Reitern, deren geringe Zahl ihre Ängste um das Hundertfache vergrößert haben musste. Einige wurden tatsächlich mit dem Säbel auf den Boden gelegt , bevor sie richtig wach waren. Andere wurden gefangen, bevor sie ein Dutzend Meter entfernt waren; und in wenigen Minuten waren die umliegenden Felder mit den Leichen vieler weiterer Menschen bedeckt; Während die glücklichen Überlebenden, begünstigt von der Dunkelheit, sich in Höchstgeschwindigkeit auf den Weg in unbekannte und entfernte Gegenden machten und zweifellos eine grausige Geschichte zu erzählen hatten, als sie endlich eine sichere Zuflucht erreichten, wie sie durch die Gunst Gottes entkommen waren mit aller Kraft vor einem mitternächtlichen

Angriff der gesamten britischen Armee, nachdem sie Wunder von vergeblicher Tapferkeit vollbracht hatten.

Aufgrund der Dunkelheit war es nicht ratsam, die Verfolgung sehr weit voranzutreiben, insbesondere da die Niederlage der Rebellen so entscheidend war, dass praktisch keine Gefahr bestand, dass sie sich davon erholen und irgendeinen Versuch unternehmen würden, sich zu sammeln, und es war sehr sicher, dass sie dies auch nicht tun würden Seit einiger Zeit trauen sie sich in unserem Teil des Landes, geschweige denn der Versuch, den Angriff auf den Polizeiaußenposten zu erneuern. Also stellte ich die Truppe wieder zusammen und stellte mit Freude fest, dass wir bis auf ein paar unbedeutende Kratzer keinerlei Verluste erlitten hatten.

Es gelang uns nun, Colonel Macdonells Brief zu lesen, und wir stellten fest, dass sein Inhalt nicht genau dem entsprach, was wir uns eingeredet hatten. Der Colonel hatte mich tatsächlich gebeten, in das Lager in Cawnpore zurückzukehren, da der freiwillige Rückzug der Belagerer aus dem bedrohten Dorf dem Ziel unserer Expedition ein Ende bereitet hatte. Um es salopp auszudrücken: Gegen verschüttete Milch hilft nichts. Was wir getan hatten, konnte nicht mehr rückgängig gemacht werden, also beschlossen wir, die Arbeit fachmännisch abzuschließen. Zu diesem Zweck sammelten wir das vom Feind zurückgelassene Eigentum auf Haufen und machten daraus Scheiterhaufen. Wir zerstörten auch das benachbarte befestigte Dorf, in dem sie Zuflucht gefunden hatten und das sie zu unserem Glück noch nicht besetzt hatten, als wir am Tatort ankamen, durch einen Brand. denn es stand auf einer Anhöhe, und wir hätten es schwer finden müssen, es zu knacken. Es war herrlich, Zeuge der überschwänglichen Freude und prahlerischen Aufregung unserer tapferen Luntenschlossmänner zu werden ; und wir marschierten alle in bester Stimmung zurück zu ihrer Heimat, nun aus der Gefahr befreit; wo wir sie zurückließen, um die Glückwünsche ihrer Frauen zu genießen, während wir unsere Reise zurück nach Cawnpore fortsetzten — eine Reise, die sich als nicht ganz ohne Abenteuer erwies.

Wir hatten uns natürlich einen Führer besorgt und marschierten einige Meilen ruhig weiter. Dann kamen wir zu dem Schluss, dass wir anhand der Position von Mond und Sternen leicht den Weg zur Brücke über den Fluss finden würden. Sandeman und ich nahmen einen Ordonnanzoffizier mit und verließen die Gruppe, um gemächlich zu folgen, während wir weitertrabten, denn ich wollte Sir John Inglis so schnell wie möglich von unserem Erfolg berichten. Aber wir waren noch nicht mehr als ein oder zwei Meilen gegangen, als sich der Himmel so dicht mit Wolken bedeckte, dass nicht nur die Dunkelheit noch intensiver wurde, sondern auch unsere Leuchtfeuer nicht mehr zu sehen waren. Wir mussten zu Fuß gehen und bewegten uns sehr vorsichtig; denn wenn wir unglücklicherweise die richtige Richtung verloren, konnten wir nicht sicher sein, dass wir nicht auf ein verirrtes Lager des Feindes stoßen würden, der zu dieser Zeit die Gegend heimsuchte.

Plötzlich sahen wir eine Reihe funkelnder Lichter und diskutierten darüber, ob wir zu ihnen gehen sollten oder nicht. Wir kamen jedoch zu dem Schluss, dass es ratsamer wäre, sie zu meiden, also gingen wir in die entgegengesetzte Richtung weiter; und nach einer Weile stießen sie auf ein kleines Dörfchen, dessen wachsame Hunde alle im Chor zu bellen begannen. Wir trotteten in gemächlichem Tempo ins Dorf, und als wir einen Mann fanden, der auf einem „Charpoy" vor seiner Hütte schlief, weckten wir ihn und schickten ihn fast noch bevor er dazu Zeit hatte, aus dem Ort hinaus und auf die offenen Felder aufwachen. Dann erklärten wir ihm alles und boten ihm eine Belohnung an, wenn er uns sicher zur Brücke führte, mit der Alternative etwas ganz anderes, wenn er uns in eine Falle lockte.

Wir stellten fest, dass wir schließlich ziemlich geradeaus gekommen waren und uns nur noch ein oder zwei Meilen vom Fluss entfernt befanden . An der Brücke entließen wir unseren Führer mit der versprochenen Belohnung; und da die Dämmerung anbrach, ging ich weiter zum Fort und suchte nicht ohne Beklommenheit das Quartier des Generals auf; denn jetzt hatte dieser kühle Gedanke Zeit, über meinen hitzigen Impuls zu urteilen, und ich war mir nicht ganz sicher, in welchem Licht dieser furchterregende Offizier unser Vorgehen sehen würde und inwieweit er meine ziemlich lahme Entschuldigung dafür, dass ich Colonel Macdonells Anweisungen nicht befolgt hatte, nachsichtig behandeln würde. Ich begann ernsthaft zu zweifeln, ob er die Geschichte mit dem Streichholz glauben würde; und ich wünschte von Herzen, das Gespräch möge bald vorüber sein.

Sir John hörte sich meinen Bericht ernst an und begann dann, mir eine „Perücke" zu verpassen, die mir jede Eitelkeit nahm und mich wünschen ließ, ich hätte die letzte Nacht ruhig in meinem Bett verbracht, anstatt im Dschungel Rebellen zu jagen. Mein zuckendes Gesicht muss die Intensität meines Schmerzes verraten haben, denn der freundliche alte General legte seine Hand auf meine Schulter und sagte etwas in der Art: „Seien Sie nicht zu aufgeregt darüber. Als Ihr General war ich verpflichtet, Sie zu tadeln; denn wenn Sie durch Zufall versagt statt Erfolg gehabt hätten – wenn Ihre Gruppe viele Leben verloren hätte und obendrein zurückgeschlagen worden wäre – wären Sie in ernsthafte Schwierigkeiten geraten. Wie sich herausgestellt hat, ist alles gut gegangen, und Sie haben diesen Pandies eine ausgezeichnete Lektion erteilt; und tatsächlich bin ich im Grunde nicht wirklich unzufrieden mit Ihnen. Vielleicht kann ich Ihnen bald einen anderen Job verschaffen . "

Wenn ein zum Tode Verurteilter auf dem Schafott begnadigt würde und ihm obendrein ein schönes Vermögen überreicht würde, wären seine Gefühle in diesem Moment die meinen.

Der versprochene Job ergab sich schon nach kurzer Zeit.

Ich wurde angewiesen, meine Truppe an einen Punkt am Fluss zu bringen, der mehrere Meilen oberhalb von Cawnpore liegt, und eine Reihe von Streikposten entlang seines Flusslaufs zu errichten, um jeden Versuch der Rebellen, ihn zu überqueren, zu vereiteln. Um mich bei dieser Aufgabe zu unterstützen, wurde mir eine beträchtliche Truppe frisch aufgestellter halbmilitärischer Polizisten zur Verfügung gestellt, und mir wurde gesagt, dass ich mich voll und ganz auf ihre Treue verlassen könne. Da sich die Länge der Front, die ich bewachen musste, über viele Meilen erstreckte, war es klar, dass meine fünfzig Säbel kaum dazu beitragen konnten, Streikposten zu bilden. Ich habe daher folgende Anordnungen getroffen. An günstigen Stellen entlang des Flusses richtete ich eine Kette kleiner Polizeiposten mit etwa zehn Mann ein, von denen jeder einem Unteroffizier unterstand. Weiter landeinwärts, auf den Radienlinien, die zu meiner eigenen Position führten, stellte ich drei Gruppen meiner eigenen Männer auf, jede bestehend aus einem Duffadar und drei Sowars.

Den Rest der Abteilung hielt ich an einem zentralen Punkt ein oder zwei Meilen vom Fluss entfernt zusammen. Die Aufgaben der Polizeiposten bestanden darin, ständig und wachsam Ausschau zu halten und die Ufer zu patrouillieren und dabei Kontakt miteinander zu halten. Falls auf der anderen Seite des Flusses verdächtige Bewegungen beobachtet wurden oder ein Versuch unternommen wurde, ihn irgendwo zu überqueren, sollten sie sofort mit dem nächsten meiner Verbindungsglieder Kontakt aufnehmen, der mir die Informationen weiterleiten würde; so sollte ich immer in der Lage sein, den Hauptteil meiner Abteilung umgehend an jeden bedrohten Punkt zu verlegen. Sandeman und ich besuchten abwechselnd alle Posten – eine Aufgabe, die einen Ritt von zwanzig bis dreißig Meilen mit sich brachte. Nachdem ich diese Vorkehrungen getroffen hatte , war ich ganz beruhigt und wartete auf die Ereignisse. Eine Zeit lang wurde jedoch kein Versuch unternommen, unserer Wachsamkeit zu entgehen.

Eines Morgens wurde mir mitgeteilt, dass der Tag eine Art religiöses Fest sei, an dem ein gewisser rebellischer Raja, dessen Territorium auf der anderen Seite des Flusses lag, mit einer beträchtlichen Anhängerschaft zum Baden ans Ufer zu kommen pflegte Zustand; Also begaben sich Sandeman und ich zum Polizeiposten, gegenüber dem die „Tamasha" stattfinden sollte. Zu diesem Zeitpunkt war der Fluss über tausend Meter breit, weit außerhalb der Reichweite aller Waffen, die wir besaßen, mit Ausnahme meiner eigenen doppelläufigen ovalen Lancaster-Glattrohrkanone, deren Fähigkeiten ich bei Gelegenheit ausprobieren wollte. Dann besorgte ich mir ein paar „Charpoys" und setzte mich auf eines, während ich das andere davor aufspannte und es aufrecht auf eine seiner Seiten stellte, so dass es eine ausgezeichnete und stabile Ablage für mein Gewehr bot. Plötzlich tauchten ein paar Elefanten mit Howdahs auf dem Rücken und umgeben von den üblichen Lumpen und Bobtails, die damals untrennbar mit einem einheimischen Magnaten verbunden waren, aus einigen Bäumen auf der anderen Seite des Flusses auf und bewegten sich langsam darauf zu mit viel Winken von „Chowries" und Schlägen von „Tom-Toms".

Wasser planschten, zielte ich auf den größten von ihnen und feuerte. Die Kugel raste durch die Luft. Ob sie den Elefanten traf oder nicht, kann ich nicht sagen; aber die Wirkung ihres Auftreffens auf die bis dahin festliche Szene war geradezu lächerlich. Einmütig machten beide Elefanten und ihre Begleiter kehrt und huschten aus dem Wasser und das Ufer hinauf in den Schutz der Bäume, gefolgt von einem Boten aus dem anderen Fass, den ich losschickte, um sie zu beschleunigen. Der wütende Raja antwortete nun auf meine Beleidigungen mit einem halben Dutzend Luntenschlosskugeln, die ungefähr auf halber Strecke harmlos ins Wasser fielen; aber er wagte es nicht, sein unterbrochenes Bad fortzusetzen und verschwand sehr bald *re infecta* .

Nachdem er gegangen war , beobachtete ich ein paar große „Land"-Boote, die unter dem gegenüberliegenden Ufer lagen, und bot einigen Dorfbewohnern eine Belohnung an, wenn sie hinübergehen und sie holen würden, während ich versprach, mit dem Gewehr loszufahren, dessen wunderbare Reichweite sie hatten hatte gerade Zeuge von Angreifern geworden, die versuchen könnten, sie zu behindern. Ein paar Manjees (Bootsführer) meldeten sich freiwillig für die Aufgabe und gelang es bald, den Fluss zu überqueren, indem sie durch flache Stellen wateten und in tieferen schwammen, wobei jeder von ihnen eine lange Bambusstange mitnahm. Sie nahmen die Boote in Besitz, ohne belästigt zu werden, und hatten sie schon auf halbem Weg auf unsere Seite gebracht, als ein paar Luntenschlossmänner auftauchten, am Fluss entlang rannten und auf sie feuerten. Ein paar Schüsse aus der Lancaster überzeugten sie jedoch sehr schnell, sich aus ihrer Reichweite zu begeben; und die Boote waren schließlich unter dem Schutz der Polizeiposten sicher vertäut.

Es geschah nicht oft etwas Interessantes, und manchmal vergingen die Tage ziemlich eintönig. Bei solchen Gelegenheiten vertrieben wir uns die Zeit damit, dass wir den einen oder anderen der einheimischen Offiziere oder Soldaten von ihren Erlebnissen im Kampf gegen die „Sirkar" erzählen ließen, was viele von ihnen in Moodkee , Chillianwalla , Sobraon und vielen anderen berühmten Schlachtfeldern getan hatten, als die tapferen Truppen der Khalsa sich mit Ruhm bekleckerten und sich von ihren britischen Gegnern den Respekt verdienten, den alle Soldaten für „Feinde empfinden, die ihres Stahls würdig sind".

Eine der Geschichten, die wir so hörten, blieb mir im Gedächtnis haften, und ich werde versuchen , sie wiederzugeben. Der Erzähler, ein stattlicher, kräftiger alter Sikh-Herr, hatte sich überreden lassen, die Geschichte jeder der ehrenvollen Narben preiszugeben, die seinen Körper zierten, mit Ausnahme einer, die über den Nasenrücken verlief und dessen Symmetrie etwas störte. Als ich ihn fragte, ob diese Wunde auch ein Andenken an den Krieg sei, antwortete er: „Ach, Sahib! Diese Geschichte kann ich Ihnen nicht erzählen. Sie wären böse auf mich." „Böse auf Sie", sagte ich, „warum sollte ich böse sein, wenn Sie, wie ich annehme, die Wunde in einem ehrlichen Kampf gegen uns erlitten haben? Selbst wenn Sie den Mann getötet hätten, der sie Ihnen zugefügt hat, so war sein Glück. Was geht mich das an? Kommen Sie! Erzählen Sie uns alles darüber." "Also gut, Sahib, wenn Sie es wünschen und versprechen, nicht schlechter von mir zu denken, werde ich es Ihnen erzählen. So war es. Sie haben von der großen Schlacht bei Chillianwalla gehört und wissen, wie wild sie war und wie tapfer die Sikhs der Khalsa an diesem Tag kämpften. Der Sirkar Angrez [6] beansprucht den Sieg; aber glauben Sie mir, Sahib, wir haben diesen Kampf gewonnen. Hat sich der Jungie Lat Sahib [7] nicht nach der Schlacht vom Schlachtfeld zurückgezogen? Haben wir nicht vier Ihrer Kanonen und die Standarten von drei Ihrer Regimenter erbeutet? Haben unsere Reiter nicht das Gora-Regiment und die Hindustani- Risala niedergestreckt ? Verzeihen Sie mir, Sahib; aber das ist wahr; und wenn Shere Singh am nächsten Tag seinen Vorteil ausgenutzt und die erschütterten Truppen des Sirkar kühn angegriffen hätte, hätte er sie ganz aus dem Punjab verjagen müssen. Zu dieser Zeit war ich – wie heute – ein Sirdar und befehligte ein Tolee [8] Infanterie meiner unser eigenes Volk. In einem bestimmten Moment der Schlacht sahen wir uns auf engem Raum einem britischen Bataillon gegenüber, das durch die Heftigkeit unseres Feuers vorübergehend in Schach gehalten worden war. Aber wenn sie zögerten, taten wir es auch. Vergeblich rief ich meine Männer auf, ihre Musketen wegzuwerfen und mit dem Schwert in der Hand zum Angriff zu eilen. Keine der beiden Linien wagte vorzurücken, und keine wollte sich zurückziehen. Und so knieten wir – ein oder zwei schreckliche Minuten lang – und überschütteten uns aus weniger als hundert Metern Entfernung mit einem furchtbaren Feuerhagel. Beide Seiten schmolzen förmlich darunter dahin. Solch ein furchtbarer Druck konnte unmöglich von Dauer sein. Die eine oder andere Linie würde mit Sicherheit nachgeben. Wer den Mut hatte, zuerst vorzustürmen, würde mit Sicherheit gewinnen. Die Offiziere der Gora- Logue versuchten verzweifelt, ihre Männer anzutreiben, aber vergebens. Nichts konnte sie dazu bringen, sich zu bewegen. Plötzlich geriet ein junger Offizier – so jung – er war nur ein glattgesichtiger , rosig-wangiger , Butcha ' [9] – außer sich vor Aufregung, schwenkte sein albernes kleines ‚Reglement'-Messer über seinem Kopf und rief ‚Hurra!' ‚Hurra!', sprang ganz allein nach vorn und stürzte sich wie ein

Verrückter auf mich, und fast bevor ich sehen konnte, was er tat, schlug er mir ins Gesicht. Armer Junge! Was hätte ich tun sollen! Hätte ich mich nicht geschützt , hätte er mir mit seinem dünnen Schwertspieß durch den Körper gestoßen. Also musste ich mit meinem scharfen Tulwar zuschlagen, und zwar fest. Im nächsten Moment waren die Gora- Logue über uns, brüllten wie Tiger, und wir wurden von ihnen weggefegt. Ich erinnere mich noch an den Ansturm, das Klirren des Stahls und dann an nichts weiter. Ich wurde zu *einem Behosh* . [10] Als ich wieder zu mir kam, sah ich, dass mein Kopf blutete und eine große Beule darauf hatte; aber keine andere Wunde außer dem Schnitt an meiner Nase. Ich nehme an, ich muss von einer Musketenwaffe niedergeschlagen worden sein. Die Nacht war hereingebrochen und das Feld war verlassen, bis auf die Toten und Sterbenden und die Banden von Plünderern. Ich stolperte ein oder zwei *Kos weiter* , unterstützt von einigen unserer eigenen Leute, die ich unterwegs traf; und dann fand ich mich wieder in Sicherheit im Lager von Shere Singh. Sie sind nicht böse, Sahib! Was hätte ich tun können? Dieser Junge hätte mich getötet. Jeder muss sein eigenes Leben schützen."

Mit einer Mischung aus Trauer und Stolz hörten wir uns die Geschichte an, wie „jemandes Liebling" für die Ehre seines Landes gestorben war .

FUßNOTEN:

[6] Englische Regierung.

[7] Oberbefehlshaber.

[8] Trupp.

[9] Jugendlicher.

[10] Sinnlos.

VII.
DILKHUOSHA.

Während wir in diesem Lager lagen und den Fluss bewachten, gesellte sich zu uns ein weiterer junger Offizier, und uns allen dreien ereignete sich ein, gelinde gesagt, mysteriöser Vorfall. Unser *Bawarchi* , oder Koch, war ein Hindustani- Musalman , und wir hatten allen Grund, mit seinen kulinarischen Leistungen zufrieden zu sein, bis eines Morgens nach dem Frühstück meine beiden Begleiter, die sich vollkommen gesund und mit herzhaftem Appetit zu dieser Mahlzeit gesetzt hatten, litt unter plötzlicher Übelkeit. Da ich nicht in ähnlicher Weise betroffen war und das gleiche Essen mit ihnen gegessen hatte, kamen wir nicht auf den Gedanken, ein Verbrechen zu vermuten. Allerdings passierte das Gleiche mehr als einmal; und schließlich, einmal, waren wir alle drei fast unmittelbar nach unserem Morgenmahl heftig krank. Das war insgesamt zu verdächtig: Da eine sorgfältige Untersuchung unserer Kupfertöpfe und -pfannen ergab, dass sie nicht fehlerhaft waren, da sie erst kürzlich verzinnt worden waren, kamen wir zu dem Schluss, dass ein Versuch unternommen wurde, uns zu vergiften. Hier herrschte ein hübscher Zustand. Wenn wir den *Bawarchi entlassen würden* , wäre es aussichtslos, einen Ersatz für ihn zu finden. Wir hätten verhungern oder auf die Gastfreundschaft unserer Männer vertrauen müssen, wenn es um *Chapatties* ging, wie sie sie selbst essen. Es musste jedoch etwas getan werden, und das haben wir getan. Während der Zeit, in der er mit der Zubereitung unseres Essens beschäftigt war, wurde ein Wachposten über den Koch gestellt und ihm wurde befohlen, ein scharfes Auge auf diese Person zu haben und alle Gewürze oder anderen Materialien, die er verwenden wollte, zu beschlagnahmen und zu mir zu bringen das war nicht offensichtlich harmlos. Dies waren nicht die Befehle, von denen der Koch glaubte, sie seien dem Wachposten gegeben worden. Mit viel Nachdruck wurde ihm zu verstehen gegeben, dass der Sikh, der mit einem nackten *Tulwar über ihm stand* , angewiesen worden war, ihm den Kopf abzuschlagen, sobald er eine verdächtige Handlung bemerkte; Und da er wusste, dass dem grimmigen Schüler Nanuks nichts mehr gefallen würde, als solche Anweisungen auf Kosten eines Anhängers des arabischen Propheten auszuführen, hörte sein Los sofort auf, glücklich zu sein. Tatsächlich war es genau umgekehrt, und es wurde sehr interessant, sein Vorgehen unter dem Schrecken des Damoklesschwerts zu beobachten, das nun über ihm schwebte. Mit sorgfältig hochgekrempelten Ärmeln über den Ellenbogen hockte er vor den drei kleinen, abfallenden Mulden im Boden mit Seiten und Rückseiten aus Steinen, die seinen Küchenherd bildeten, und setzte seine Arbeit voller Angst und Zittern fort; Denn dicht hinter ihm stand der wachsame Sikh. Wann immer er nach oben blickte , konnte er nicht umhin, den blauen Stahl der scharfen, gebogenen Klinge zu sehen; und manchmal runzelte der Wachposten, der bereit war, sich zu amüsieren, böse die Stirn und spähte in einen *Degchi* , als ob er bemerkte, dass etwas nicht stimmte. In solch kritischen Momenten würde das elende Geschöpf förmlich vor Schreck grinsen, da es sich mit klappernden Zähnen und flehenden Händen mit dem Schlimmsten abgefunden hat. Dann würde der finster dreinschauende Sikh einen schroffen *Khabardar* knurren *!* [11] und sage ihm, er solle mit seiner Arbeit fortfahren.

Unser Verdacht war vielleicht ungerechtfertigt, und vielleicht war dies auch nur ein Zufall. Trotzdem *war* es eine Tatsache, dass keiner von uns nach dem Essen mehr unangenehme Symptome verspürte. Im Großen und Ganzen hielten wir es für fair, dem Koch im Zweifel zu vertrauen, und nutzten die erste Gelegenheit, auf seine Dienste zu verzichten.

Wir begannen uns einzubilden, dass die Überwachung des Ganges durch unsere Hilfspolizei für das Unternehmen der Rebellen insgesamt zu streng war; aber wir haben uns geirrt. Zufällig ritten Sandeman und ich eines Morgens gemeinsam um die Streikposten. Eine ganze Weile schien es auf dem Fluss ruhig zu sein; und von keinem der Polizeiposten wurde etwas Ungewöhnliches gemeldet. Wir waren gerade in der Nähe eines von ihnen angekommen, als wir zu unserem Erstaunen plötzlich auf die breite und frische Spur einer beträchtlichen Anzahl von Pferden und Kamelen stießen, die deutlich auf dem weichen, feuchten Boden markiert war und vom Fluss direkt direkt ins Landesinnere führte unter der Anhöhe, auf der der Streikposten aufgestellt war. Wir konnten unseren Augen kaum trauen. Es war ganz klar, dass innerhalb weniger Stunden die Überfahrt von etwa zwei- bis dreihundert berittenen Männern direkt vor der Nase der Polizei durchgeführt worden war , auf deren Treue ich mich verlassen musste und die die Tatsache sorgfältig vor mir geheim gehalten hatte , wenn sie den Rebellen nicht aktiv geholfen hätten. Sobald wir auf den Pfad trafen , folgten wir ihm über den Sand bis zu der Stelle, an der er aus dem Fluss austrat, der zu diesem Zeitpunkt noch nicht sehr breit war. Wir wurden sofort von einem Musketenschuss eines Mannes begrüßt, der sich halb im Schilf am gegenüberliegenden Ufer versteckt hatte und der ein sehr gleichgültiger Schütze gewesen sein musste, denn er verfehlte uns. Da er seine Leistung in kürzerer Zeit wiederholte, als er überhaupt hätte nachladen können, kamen wir zu dem Schluss, dass ihm eine weitere Muskete von einem Verbündeten übergeben worden sein musste, der effektiver verborgen war als er selbst; und da wir nicht sagen konnten, wie viele noch in der dichten Deckung herumschleichen würden, hielten wir es für angebracht, uns aus seiner Nachbarschaft zurückzuziehen , nachdem wir auf seine Höflichkeiten mit unseren Revolvern geantwortet hatten, natürlich erfolglos. Dann gingen wir zum Polizeiposten, und mein erster Schritt bestand darin, die gesamten elf Männer, aus denen er bestand, zu entwaffnen und gefangen zu nehmen; denn ihr Verrat war offensichtlich und erforderte keine weitere Untersuchung.

In der Nähe befand sich ein großes Dorf , in dem wir einen Mann fanden, der an einer Schusswunde litt, die angeblich von einem der Rebellen mutwillig zugefügt worden war, als sie am frühen Morgen an dem Ort vorbeikamen. Dies wurde von anderen Dorfbewohnern bestätigt, und so hielt ich es für gerechtfertigt, den obersten örtlichen Vertreter der Zivilbehörde, der sich selbst als Tahsildar bezeichnete, zu bitten, mich zu unserem Lager zu begleiten, wo ich vorschlug, mich um ihn zu kümmern, bis eine höhere Autorität dies tun würde Erkundigen Sie sich nach der Angemessenheit seines Verhaltens, als er mir nicht mitgeteilt hat, was geschehen ist.

In der Zwischenzeit schrieb ich mit einem Bleistift auf einige aus meinem Notizbuch gerissene Blätter einen kurzen Bericht an Sir John Inglis, den Kommandanten in Cawnpore, in dem ich die Umstände detailliert darlegte, die den Verrat der Polizei bewiesen, und vorschlug, dass sie, wenn möglich, dies tun würden sollte durch eine Militärmacht ersetzt werden. Ich erklärte außerdem, dass ich es für sinnlos halte, irgendeinen Versuch zu unternehmen, die Gruppe der Rebellen zu verfolgen, da sowohl aus dem Aussehen der Strecke als auch aus den Aussagen der Dorfbewohner ganz offensichtlich hervorgehe, dass die Überquerung im frühen Morgengrauen erfolgt sei , die angeblich unter der Führung der Bala Rao standen und sich auf den Weg nach Calpee machten , einem Ort, den sie nach mehreren Stunden Start bereits fast erreicht haben mussten. Abschließend bat ich um Anweisungen zur Beseitigung meiner Gefangenen. und schickte die Depesche sofort nach Cawnpore.

Auf unserem Weg zum Lager hatte der Tahsildar einen Unfall, der ihm, obwohl er damals ernst genug war, höchstwahrscheinlich den Hals rettete. Er ritt auf einem bösartigen Landpferd, über das er nur sehr unvollkommene Kontrolle hatte und das rückwärts in mein Pferd hineinfuhr, was zu einem heftigen Trittkampf führte, an dessen Ende sich der unglückliche Mann auf dem Rücken wiederfand Boden mit gebrochenem Bein. Ich sprang ab und stellte fest, dass beide Knochen auf halbem Weg zwischen Knie und Knöchel gebrochen waren. In der Nähe von Cawnpore war keine medizinische Hilfe verfügbar; Also musste ich sofort mein Bestes für ihn tun. Deshalb schnitt ich einige Stängel von *Bajra* oder einer ähnlichen Pflanze ab, die in der Nähe wuchs; Und dann setzte ich mich vor ihm auf den Boden und drückte mit einem Fuß an seinen Körper, packte das verletzte Glied am Knöchel und zerrte mit aller Kraft daran, bis die gebrochenen Flächen einander gegenüberstanden. wo andere Hände sie in Position brachten. Ein Teil seines Turbans wurde nun neben die Haut gewickelt, dann wurden mehrere Stöcke eng aneinander rund um das Bein gelegt und mit Schnüren festgehalten; und wir hatten grobe und fertige Schienen, die ihren Zweck vortrefflich erfüllten. Der Patient wurde nun auf einem *Charpoy* zurück zu seinem eigenen Haus getragen, wo er nach vielen Tagen von einem Arzt behandelt wurde, der das Glied auf orthodoxe Weise versorgte und erklärte, die ursprüngliche Operation sei vollkommen erfolgreich verlaufen. Ich habe nie gehört, dass dieser Tahsildar gehängt wurde, und ich habe kaum Zweifel daran, dass er gehängt worden wäre, wenn mich das Mitleid mit seinem verkrüppelten Zustand nicht davon abgehalten hätte, den Fall gegen ihn einzuleiten. Die zehn Polizisten und ihr *Thanadar* hatten nicht so viel Glück. Sir John Inglis schickte einen Sonderbeamten mit der Vollmacht, den Fall zu untersuchen und zu klären. Ich erklärte ihm die Vorkehrungen, die ich getroffen hatte, um den Fluss zu beobachten. Ich zeigte ihm die Spur der Rebellengruppe, wo sie im Umkreis von fünfzig Metern um den Streikposten vorbeikam. Seine Ermittlungen waren in einer Stunde abgeschlossen; und am Ende verurteilte er alle elf Übeltäter zum Tod als Belohnung für ihren Verrat und hängte sie an einen Baum. Er teilte mir auch mit, dass er berichten werde, dass alle meine Vorkehrungen vernünftig gewesen seien und dass weder mir noch meinen Männern die Schuld gegeben werden könne.

Die Rebellen unternahmen keinen weiteren Versuch, den Fluss zu überqueren. und tatsächlich wäre keines davon praktikabel gewesen, denn die Brigade von General Walpole war die Straße von Cawnpore heraufgezogen worden und blockierte effektiv den Weg. Meine Partei war jedoch nicht erleichtert; durfte aber dort bleiben, wo es war; und im Laufe der Tage schien es wahrscheinlich zu einem festen Bestandteil zu werden. Wir begannen zu fürchten, dass wir völlig übersehen werden könnten, während Sir Colin Campbell die Vorbereitungen für den letzten Vormarsch auf Lucknow traf – eine Aussicht, die alles andere als erfreulich war –, aber es war nicht leicht zu erkennen, wie sie abgewendet werden könnte. In dieser Verwirrung suchte ich Rat beim Oberst eines Regiments, das auf dem Weg nach Cawnpore an unserem Lager vorbeikam und mit einigen seiner Offiziere mit uns zu Mittag aß. Er riet mir, an Generalmajor Mansfield, den Stabschef, zu schreiben und ihn auf unsere Existenz aufmerksam zu machen und ihm mitzuteilen, wie lange wir schon vom Regiment getrennt waren, das sich jetzt in Alumbagh befand , und was wir tun würden, wenn wir durften sich ihr wieder anschließen und eine Verstärkung ihrer Stärke von drei britischen Offizieren und fünfzig Säbeln erhalten . „Sie werden sicherlich eine Abneigung bekommen", sagte er, „aber es ist durchaus möglich, dass Ihre Partei wirklich übersehen wird und dass Ihr Brief das bewirken kann, was Sie wünschen. Auf jeden Fall muss ein kühner Reiter manchmal auf einen Sturz reiten, wenn ..." er hofft, über eine schwierige Situation hinwegzukommen.

Ich befolgte dankbar seinen Rat und handelte danach, und ich bekam sicherlich den Sturz, den er erwartet hatte; denn zu gegebener Zeit kam ein länglicher offizieller Brief von einem Stabsoffizier des Stabschefs –

keineswegs von dem großen Mann selbst. In diesem Dokument wurde ich zu Recht für meine Anmaßung getadelt, direkt an den Stabschef geschrieben zu haben, der, wie ich erfuhr, nicht die Angewohnheit hatte, mit Unteroffizieren über die Bewegungen ihrer Abteilungen zu korrespondieren. Diese „schreckliche Warnung" heftete ich gut sichtbar an die Stoffwand meines Zeltes, wo sie zu meiner gemischten Belustigung und Beklommenheit bald darauf von demselben Offizier gesehen wurde, der sie geschrieben hatte. Was auch immer er von meiner leichtfertigen Behandlung seiner Ergüsse gehalten haben mag, er machte keine Bemerkungen, und kurz darauf wurde meine Abteilung von ihrem Posten abgelöst und nach Cawnpore zurückbeordert. Dort hatte ich das Glück, der Kavallerie von Sir Colin Campbells Armee zugeteilt zu werden und mit ihr nach Lucknow zu marschieren; und ich hatte so viel Glück, dass ich am 2. März 1858, als der Oberbefehlshaber die Anhöhe bei Dilkhoosha angriff und einnahm , die die Stadt beherrschte, tatsächlich das Kommando über die Vorhut der Vorhut übernahm; denn das war die Position meines Trupps an diesem Tag. Unmittelbar dahinter befand sich eine Schwadron des 9. Lancers-Regiments, gefolgt von weiterer Kavallerie und berittener Artillerie. Als wir den Alumbagh passierten , wo das Hauptquartier unseres Regiments lagerte, erinnere ich mich noch gut, wie erfreut ich war, als ich daran dachte, dass wir uns doch einen Vorsprung verschafft hatten und dass - von der mitternächtlichen Angelegenheit bei Unao abgesehen - unser Trupp die Ehre haben würde , als erster in Aktion zu treten. Ich erinnere mich auch noch gut an den wehmütigen Gesichtsausdruck meines tapferen Kommandeurs, des verstorbenen Captain Wale, als er uns vorbeiziehen sah und uns viel Glück wünschte. Wir wussten alle, dass ein Kampf vor uns lag; und es erschien für das Regiment ungewöhnlich hart, dass es, nachdem es so lange an der vordersten Front stationiert gewesen war, im letzten Moment von einer Abteilung, die sich sozusagen von hinten angeschlichen hatte , „ *planté la* " *zurückgelassen wurde.*

Alumbagh und Dilkhoosha zurückgelegt hatte, wurde ein Haltsignal gegeben, und wir nutzten die Gelegenheit, um ein schnelles Frühstück aus den Esswaren zuzubereiten, die wir in unseren Halftern verstaut hatten. Während dieser Zeit tat ein unangenehmer Nieselregen sein Möglichstes, um unsere Stimmung und unseren Körper zu trüben; aber als wir weiterzogen, hatte er aufgehört, hatte den Staub für uns abgelegt und uns einen kühlen, angenehmen Tag beschert, der für eine Besichtigung würdig war.

Vorsichtig und stetig tasteten wir uns unseren Weg, gedeckt von der Hälfte der Truppe in erweiterter Formation, kommandiert von Leutnant Sandeman, der im Handumdrehen verschiedene kleine Gruppen feindlicher Reiter, denen er begegnete, von unserer Straße fegte. Meine halbe Truppe unterstützte uns, und als das Gefecht begann, drängten wir weiter und machten mit. Während wir unseren Vormarsch fortsetzten, kam es durch Obstgärten und Plantagen mit gelegentlich offenen Feldern zu einer Reihe kleinerer Kämpfe.

Plötzlich, als wir gerade aus einem Wäldchen auf eine offene Ebene traten, war eine entfernte Rauchwolke, gefolgt von einem lauten Knall und dann dem wohlbekannten heiseren Zischen einer Kanonenkugel, die durch die Luft über uns raste, ein unmissverständliches Zeichen dafür, dass der Ball begonnen hatte. Ein weiterer Schuss verfehlte sein Ziel, traf den Boden vor uns und prallte dann über unsere Köpfe hinweg nach hinten ab. Ein weiterer und noch einer in schneller Folge verfehlten das Ziel, ohne Schaden anzurichten. Während dies geschah, hatte ich instinktiv nach rechts ausgewichen, um den Truppen Platz zu machen, von denen ich wusste, dass sie nach vorne gedrängt werden würden. Die Schwadron der 9. Lancers folgte meinem Beispiel – ein Trupp berittener Artillerie donnerte von hinten heran – weitere Kavallerie galoppierte links von den Kanonen heraus – und wie durch Zauberei bildete sich vorne eine Linie, die Kanonen in der Mitte , mit Kavallerie auf beiden Flanken. Eine Trompete ertönte zum „Vorrücken" und „Galoppieren", und wir fegten über die Ebene, direkt auf die Stellung des Feindes zu, unter heftigem Feuer, das glücklicherweise zu heftig und zu schnell war, um uns viel Schaden zuzufügen. Ein Schuss traf einen Mann des 9. Lancers-Regiments mitten ins Gesicht. Sein Kopf verschwand in der Luft. In wenigen Augenblicken waren wir nur noch hundert Meter vom Feind entfernt, der immer noch wie wild auf uns feuerte. Hier machten wir Halt, und unsere eigenen Kanonen wurden mit der erstaunlichen Schnelligkeit, die alle anderen Zweige der Armee bewundern, entladen und in Aktion gesetzt. Ihre Vorgehensweise war ganz anders als die der Rebellenartillerie. Ebenso schnell, aber mit ruhiger Regelmäßigkeit, wie Teile einer perfekten Maschine arbeitend, feuerte eine Kanone nach der anderen, sorgfältig und genau angelegt, auf die gegnerische Batterie und mit fast augenblicklicher überwältigender Wirkung. Nach nur wenigen Schüssen ließ das Feuer des Feindes nach und hörte bald fast ganz auf.

Während dieses Artillerie-Duells stattfand, hatte ich eine gute Gelegenheit, die Wirkung dessen, was im Volksmund „Blue Funk" genannt wird, auf einen jungen Rekruten zu beobachten. Er war in der hinteren Reihe; und solange die Aufregung des Galopps an die Front anhielt, hatte er seinen Platz unter seinen Kameraden behalten; Aber im Umkreis von hundert Metern vor den Kanonen, die Rauch, Lärm und Schüsse ausstießen, still zu sitzen, überstieg seine Nerven; und er begann – halb bewusstlos, glaube ich –, am Kopf seines Pferdes zu ziehen und es nach und nach aus den Reihen zu ziehen. Das würde niemals gehen! Das Beispiel ist ansteckend, also galoppierte ich hinter ihm her und benutzte eine Sprache, die darauf abzielte, ihn zur Besinnung zu bringen, aber ohne Wirkung. Mit halb geöffnetem Mund und aus seinem

Kopf hervortretenden Augen starrte er weiterhin auf die schrecklichen Kanonen und begrüßte jede Explosion mit einem entsetzten kleinen Stöhnen; und die ganze Zeit über trieb er sein Pferd rückwärts zu mir. Ich war verpflichtet, dem ein Ende zu setzen. Im nächsten Moment wäre er abgehauen und hätte uns alle blamiert – möglicherweise hätte er einige seiner Kameraden mit seiner eigenen Panik infiziert. Zum letzten Mal schrie ich, dass ich mein Schwert in ihn stoßen würde, wenn er sich nicht „verkleiden" würde. Er achtete nicht darauf; und ich stürzte mich mit aller Kraft auf ihn. Sein Glück hat ihn gerettet. An seiner linken Schulter hing ein kleiner Schild aus Büffelleder; und instinktiv drehte er sich halb herum und erwischte die Spitze meines Schwertes darin, und dort blieb es stecken. Je mehr ich zog und je schlechter ich die Sprache benutzte, desto weniger kam es heraus; und ich fürchte, die Wortfolge, mit der ich meinen Ekel zum Ausdruck brachte, war alles andere als diskret gewählt, als hinter mir eine Stimme rief: „Wer befehligt diese Gruppe?" Als ich mich umsah, war die Panik des unglücklichen Rekruten nichts im Vergleich zu meiner, als ich das strenge Gesicht des Oberbefehlshabers Sir Colin Campbell sah. Als ich dabei ertappt wurde, wie ich versuchte, einen meiner eigenen Männer zu töten, schwirrten mir Visionen eines Kriegsgerichts – vom Verlust meines Postens – durch den Kopf, als ich mit einer verzweifelten Anstrengung die Klinge aus dem Schild riss und sie fallen ließ Zeigen Sie auf den Chef, stammelte meine Verteidigung . „Ich konnte wirklich nicht anders, Sir? Er hat die weiße Feder gezeigt. Ich hatte Angst, dass er davonlaufen würde." Zu meiner großen Erleichterung entspannten sich die grimmigen Gesichtszüge zu einem Lächeln. „Macht nichts", sagte Sir Colin, „Sie hatten völlig recht. Sie versuchen, einige ihrer Waffen nach rechts zu verschleppen. Galoppieren Sie hinter ihnen her und fangen Sie sie ein." Man kann sich vorstellen, dass ich keine Zeit verloren habe, diesen Befehl auszuführen und eine möglichst große Distanz zwischen mir und Seiner Exzellenz herzustellen. Mein junger Rekrut kam auch und benahm sich danach sehr brav. Nach dieser „Feuertaufe" erwies er sich als guter Soldat. Ein harter Galopp brachte uns bald zu den fliegenden Feinden, die von einem großen Graben „überrollt" wurden, wo sie die Waffen zurückließen und auf die Flucht gingen, aber zu spät, um sich zu retten. Hier konnte ich einem abrupten Ende meiner militärischen Erfahrungen nur knapp entkommen. Zwei „ Pandies ", die ich verfolgte, drehten sich plötzlich um, stellten sich auf Distanz und schlugen fast gleichzeitig mit ihren *Tulwars auf mich ein* , während ich zwischen ihnen hindurchstürmte. Der Mann auf der rechten Seite ließ sein Schwert auf meinen Kopf fallen, glücklicherweise geschützt durch ein dickes „ Puggari ", das es in viele Falten teilte, und blickte dann auf die Schulter meines Pferdes, was ihm eine lange und tiefe Wunde zufügte. Im selben Moment versetzte ich ihm einen schwingenden Schnitt an seinem eigenen Schädel, der von einer kleinen Schädelschale bedeckt war. Das beruhigte ihn effektiv; aber ich hatte kaum Zeit, mein Schwert herumzuwerfen und einen vernichtenden Schlag des Kerls zu meiner Linken einzustecken, der meine Deckung teilweise überwältigte und auf meinen Rippen landete, zum Glück jedoch deutlich abgeschwächt; so dass ich mit einer kleinen Fleischwunde davonkam. Er bekam keine weitere Chance; denn ich ließ die Spitze meiner Klinge fallen und bohrte ihn durch den Körper. Ich hatte dieses Gefecht weit überstanden, aber mein unglückliches Pferd war ziemlich behindert; Also musste ich absteigen und ihn der Obhut eines meiner Männer anvertrauen, dessen Tier ich für den Rest des Tages geliehen hatte; und ich fand es einen sehr schlechten Austausch, sowohl was das Ladegerät als auch den Sattel betrifft.

Ich habe das Gefühl, dass ich meine Erzählung unterbrechen muss, um den Leser um Nachsicht für die Einführung von Beschreibungen einiger der Abenteuer zu bitten, die mir persönlich widerfahren sind. Ich vertraue darauf, dass er glauben wird, dass dies nicht dem törichten Wunsch geschuldet ist, sich vor ihm zu präsentieren; noch auf den Wunsch, in den Worten von Mr. Wardles dickem Jungen, „sein Fleisch zum Gänsehaut bringen"; sondern einfach, weil ich diese Skizzen so anschaulich wie möglich machen möchte; und es scheint mir, dass die Wirkung darin bestehen würde, die Farbe aus ihnen auszuwaschen, wenn ich ihnen jede Spur von persönlichem Interesse entziehen würde. In Feldzügen wie denen der Meuterei, in denen unsere irreguläre Kavallerie so frei eingesetzt wurde und eine so wichtige Rolle spielte, kam es viel häufiger zu Nahkämpfen als in gewöhnlichen Kriegen. Tatsächlich hatte jeder Offizier dieser Abteilung unzählige Gelegenheiten, seine Fähigkeiten im Umgang mit Waffen zu testen; denn Scharmützel fanden oft fast täglich statt; und in jedem Gefecht trug er sein Leben buchstäblich mit der Spitze seines Schwertes. Um es noch einmal zusammenzufassen: Ein paar Minuten später erlebte ich ein weiteres Abenteuer der Art „Touch and Go". In einem *Handgemenge* hatte ein Offiziersbruder einen aufständischen Fußsoldaten ausfindig gemacht und versuchte verzweifelt, ihn niederzustrecken, aber sein Gegner hielt ihn mit aufgesetztem Bajonett in Schach und hatte gerade seine Muskete zum Abfeuern an seine Schulter gehalten, als er glücklicherweise im Einsatz war Pünktlich sah ich, was los war, und griff den Pandy an, der, durch den plötzlichen Angriff beunruhigt, hastig versuchte, sein Ziel auf mich zu richten, aber ohne Erfolg. Als er den Abzug drückte, raste seine Kugel harmlos an meinem Gesicht vorbei, während ich die Schneide meines Schwertes mit so gutem Willen auf seinen Schädel niederschlug, dass dieser in zwei Teile zerbrach und er tot umfiel. Diese glückliche Einmischung in einen ungleichen *Kampf zu zweit hat* wahrscheinlich ein Leben vor einem vorzeitigen Ende bewahrt, das sich seitdem als äußerst wertvoll und nützlich erwiesen hat, und mir gleichzeitig einen lieben Kameraden und lebenslangen

Freund bewahrt. Zu meinen wertvollsten Besitztümern gehört das Schwert, das er mir als Andenken an die Affäre geschenkt hat.

Der Widerstand, den der Feind dem Vormarsch von Sir Colin entgegensetzte, war nicht groß genug, um ihn aufzuhalten; tatsächlich war kein Einsatz seiner Truppen notwendig. Die Spitzen seiner Kolonnen rückten stetig vor und näherten sich allmählich der Position auf der Anhöhe, die er als den besten Ausgangspunkt für die Durchführung seiner Pläne zur Unterwerfung von Lucknow gewählt hatte.

Dilkhoosha hinaufzog, erfreuen wir uns plötzlich des Anblicks eines etwa vierzig oder fünfzig Mann starken Pferdetrupps, der in einer Reihe auf der Kuppe erschien und im Schritt auf uns zukam. Die französisch-grauen Uniformen dieser Truppe ließen keinen Zweifel daran, dass sie zu einem der alten regulären Regimenter gehörte; und meine Hoffnung war groß, dass wir nun die Gelegenheit bekommen würden, etwas von der Schande auszulöschen, die ihr Verrat über alle gebracht hatte, die zu ihrem Zweig der Old John Company gehört hatten: aber die Feiglinge lehnten es ab, uns die Chance zu geben .

"Zu dritt" machten sie sich auf den Weg, sobald sie uns sahen, und verschwanden sofort, verborgen vor uns durch das ansteigende Gelände. Man kann sich vorstellen, dass wir keine Zeit verloren, ihnen die Sporen zu geben und hinter ihnen her zu galoppieren: aber als wir oben am Hang ankamen , hatten sie die Beine ihrer Pferde so gut eingesetzt, dass sie schon weit weg waren und in Staubwolken über die Ebene darunter dahinrasten und auf eine Furt über den Goomti- Fluss zusteuerten, in die sie sich bald hineinstürzten. Es war schön zu sehen, wie eilig sie waren, ebenso wie ihre völlige Gleichgültigkeit gegenüber jedem Vorwand , irgendeine Formation einzuhalten. Offensichtlich erkannten sie , dass dies nicht der richtige Zeitpunkt war, um sich durch pedantisches Festhalten am "Exerzieren" behindern zu lassen. Eine solche mechanische Regelmäßigkeit der Bewegung mag für den Exerzierplatz ganz gut sein; aber im echten Soldatenleben wie diesem muss "individuelle Initiative" an ihre Stelle treten. Sie gingen zu zweit und zu dritt hinein, gerade als sie die Furt erreichten, und stolperten hinüber: aber in diesem Augenblick schossen ein paar unserer Geschütze auf sie und machten ihnen die Überfahrt sehr unbequem; denn diejenigen, die nicht aus ihren Sätteln geworfen wurden, wurden von den Spritzern der Geschosse durchnässt. Als sie drüben waren, setzten sie ihren Ritt mit Höchstgeschwindigkeit noch ein oder zwei Meilen fort, bevor sie die Zügel anzogen. Alles in allem glaube ich nicht, dass ihnen der Ritt an diesem Morgen sehr viel Spaß gemacht hat.

FUSSNOTE:

[11] Vorsicht.

VIII.
GLÜCK.

Verhalten einer Kompanie einheimischer Infanterie bei der Gründung einer Schwesterpräsidentschaft erzählt, deren Wiedergabe ich hier verzeihen kann, da sie für einige meiner Leser möglicherweise neu ist.

Die betreffende Kompanie machte gerade eine ungewöhnlich schnelle Bewegung nach hinten, um einer unerwünschten Nachbarschaft zu entkommen, als ein britischer Offizier, der versuchte, den Ansturm zu stoppen, ihm hinterherbrüllte: „Halt!" Halt! Halt! Daraufhin stotterte ein dicker alter Subadar, der sein Bestes tat, um mit seinem Befehl Schritt zu halten, empört hervor, während er schnaufend und pustend weiterhuschte: „Kaun guddha halt Bolta. " Hallo ? Yih halt ka wakt nahin Hai !" „Was für ein Arsch sagt Halt! Dies ist keine Zeit zum Anhalten." Unten in Madras wird diese Geschichte, wenn sie bekannt wird, zweifellos einem bengalischen Regiment zugeschrieben, und wahrscheinlich mit der gleichen Wahrheit. *Si non e vero e ben trovato* – was meine Entschuldigung für die Wiederholung sein muss .

Während meiner Arbeit an diesem Morgen stieß ich zufällig auf einen britischen Soldaten - ich glaube, es war ein 9. Lancers-Regiment -, der zwar nicht sehr schwer, aber dennoch stark verwundet war. Er lag geduldig unter einem Baum und wartete darauf, dass das Lazarett käme und ihn suchte. Als ich ihn fragte, ob ich etwas für ihn tun könne, sagte er, er leide schrecklichen Durst und würde alles für einen Schluck Wasser geben. „Möchten Sie lieber Bier?", fragte ich. „Oh, Sir", antwortete er, „machen Sie sich nicht über mich lustig." Sein Gesicht war entzückend anzusehen, als ich aus einem meiner Halfter eine Pint-Flasche „Bass" zog, die ich nach meiner unveränderlichen Praxis darin verstaut hatte, und ihr den Kopf abschlug, indem ich mein Schwert dagegen schob. Der dankbare Kerl versuchte mit aller Kraft, mich dazu zu bringen, die Hälfte davon auszutrinken, aber ich konnte der Versuchung nicht widerstehen, ihm dabei zuzusehen, wie er sie bis zum letzten Tropfen austrank. Als ich ihm eine bessere Manila-Zigarette schenkte, als er sie wahrscheinlich noch nie zuvor in seinem Leben geraucht hatte, begann er, das glaube ich wirklich, zu glauben, er träume und solch ein seltsames Glück könne nicht real sein.

Dilkhoosha -Palast eine riesige Leinwandstadt entstanden . „Die Kabul-Skala-Ausrüstung" war damals noch nicht erfunden; und selbst Subalterne genossen es, in großen, altmodischen Bergzelten von zehn oder zwölf Fuß im Quadrat zu übernachten, während die britischen Soldaten in geräumigen, zweigestängeten Zelten untergebracht waren; so dass ein Lager viel mehr Platz einnahm, als jetzt erforderlich wäre. Kein Wunder, dass Sir Colins

Armee kämpfender Männer durch eine viel größere Armee hilfloser Lagergefolgsleute behindert wurde, über die Dr. Russell, der berühmte Kriegskorrespondent, so schrieb: „Wer kann sich wirklich einen Zug voller Gepäck vor sein geistiges Auge bringen?" Tiere von fünfundzwanzig Meilen Länge, eine Reihe von sechzehntausend Kamelen, ein Belagerungszugpark mit einer Fläche von vierhundert mal vierhundert Yards, an den zwölftausend Ochsen angeschlossen waren, und eine Gefolgschaft von sechzigtausend Nichtkombattanten.

Sir Colin Campbell verlor keine Zeit, die Belagerung voranzutreiben, denn sie begann praktisch am 2. März, dem Tag, an dem er Dilkhoosha erreichte. Ich erinnere mich noch gut daran, wie ich mit Bewunderung die brillante Leistung der Marinebrigade, der blauen Jacken der *Shannon*, unter dem heldenhaften Captain Peel beobachtete, als sie bis zu einer Position vor dem Palast vorrückten, wo sie auf dem offenen Gelände, das zur Martinière abfiel, ohne die Spur einer Deckung ihre Kanonen aufstellten und von den riesigen Verteidigungswällen, die sie im Südosten der Stadt errichtet hatten, aus einen heftigen Gegenangriff auf das Kanonadenfeuer der Rebellen begannen. Unser tapferer alter Häuptling war jedoch viel zu klug, um sein ganzes Gewicht gegen diese schrecklichen Verteidigungslinien in Stellung zu bringen, bis er ihren Wert durch das einfache, aber wirksame Mittel einer Wendebewegung, dieser seit langem beliebten Methode aller großen Befehlshaber, entkräftet hatte. Um diesen Plan auszuführen, wurde Sir James Outram am 6. März mit einer sehr starken Streitmacht aller Waffen über den Goomti in der Nähe von Bibiapore geschickt. Diese kämpfte sich das linke Flussufer hinauf und trieb den Feind vor sich her, bis sie am 9. eine Position erreicht hatte, von der aus sie die Verteidigungslinien der Rebellen erfolgreich unter Beschuss nehmen konnte.

Jetzt war Sir Colin in der Lage, ohne die enormen Opfer an Menschenleben voranzukommen, die sonst unvermeidlich gewesen wären. An diesem Tag stürmte die Black Watch die Martinière mit der Bajonettspitze, ohne einen Schuss abzufeuern. Am Tag danach wurde „Banks' House" beschlagnahmt und umgehend befestigt; Und von diesem Aussichtspunkt aus haben unsere Ingenieure und Artillerie Schritt für Schritt, absichtlich und unwiderstehlich, den Weg für unsere Infanterie durch Block für Block von Gebäuden gesägt und durchbrochen, bis am 21. März jeder Palast, jede Moschee und jede ummauerte Anlage in Lucknow war getragen worden, und die ganze Stadt war in unseren Händen.

Während dies geschah, war mein Regiment Teil einer Brigade unter Brigadier W. Campbell, die um die Stadt herum marschierte, am Alumbagh vorbei, in eine Stellung gegenüber dem Moosabagh, um den Rebellen den Fluchtweg abzuschneiden, falls sie durch die Bajonette der Infanterie aus der Stadt vertrieben werden sollten. Während dieser Bewegung stießen wir auf sporadischen Widerstand und verloren mehrere Menschenleben; aber wir trafen nicht auf große feindliche Massen; und es besteht kein Zweifel, dass uns Tausende von ihnen durch die Finger geschlüpft sind und entkommen konnten, um sich später wieder zu vereinigen und in das rasch näherkommende „heiße Wetter" einen Kampf zu verlängern, der, wenn wir mehr Glück gehabt hätten, auf der Stelle beendet worden wäre. Gleichzeitig muss man der Gerechtigkeit halber Brigadier Campbell gegenüber bedenken, dass der von ihm zurückgelegte Halbkreis sehr ausgedehnt war – wahrscheinlich mehr als fünfzig Kilometer – und man braucht keine große Vorstellungskraft, um sich vorzustellen, wie schwierig es war, mit einer kleinen Brigade aus Kavallerie und berittener Artillerie zu verhindern, dass eine so lange Linie an der einen oder anderen Stelle von Gruppen von Flüchtlingen durchbrochen wurde, und zwar sogar bei Tag oder noch mehr im Schutz der Nacht.

Ich war während dieses Marsches sehr beeindruckt von dem Heldentum zweier Luntenhalter aus dem Dorf , das Aufzeichnung verdient und das, wenn es von Eingeborenen eines europäischen Landes zur Verteidigung ihrer Häuser aufgeführt worden wäre, von Dichtern besungen worden wäre patriotische Balladen und hätten den tapferen Schauspielern ewigen Applaus eingebracht.

erkunden sollte, um einen gangbaren Weg für unsere Geschütze zu finden. Auf der ebenen Fläche hinter uns bewegte sich unter der hellen Sonne langsam die starke Kavallerietruppe vorwärts, deren Vorreiter wir lediglich waren. Jenseits des „Nullah", eingebettet zwischen seinen Feldern und Mangohainen, lag ein kleines Dorf, aus dem zwei große Bauern hervortraten, gekleidet in ihre übliche weiße Baumwollarbeitskleidung, jeder von ihnen trug eine Luntenschlosspistole.

Mit äußerster Überlegtheit näherten sich diese beiden Männer der Schlucht, legten sich in eine geschützte Senke und eröffneten das Feuer auf uns. Sie konnten sich hinsichtlich ihrer Fluchtchancen keine Illusionen machen. Sie sahen, dass sie zwei gegen zweitausend waren. Sie wussten, dass ihr kümmerlicher Versuch, uns aufzuhalten, hoffnungslos war; dennoch taten sie alles, was sie konnten, und opferten sich bis zum Tode für die Verteidigung der braunen Lehmwände, hinter denen ihre Hausgötter standen. Vergeblich riefen wir ihnen zu, dass wir nicht beabsichtigten, ihrem Dorf Schaden zuzufügen – dass wir daran vorbeigingen und es nicht betreten würden. Sie glaubten uns offensichtlich nicht und fuhren fort, so schnell zu laden und zu feuern, wie es ihre langen, plumpen Zunderlocken zuließen. Sie würden sicher einige von uns rechtzeitig treffen: also waren wir gezwungen, uns zu zerstreuen und die Nullah an verschiedenen Stellen zu überqueren und „sie mit der Schärfe des Schwertes anzugreifen".

Als am 21. März der letzte große Ausbruch der Rebellen aus dem Moosabagh stattfand, wurde Brigadier Campbell zweifellos auf dem falschen Fuß erwischt. Erst als viele Tausende von Feinden ausgeströmt waren und bereits meilenweit Land durchquert hatten, wurde die Brigade in die Verfolgung genommen. Als erste machten sich zwei Truppen der 1. Sikh Irregulars unter Captain the Hon'ble Hugh Chichester auf den Weg, mit denen Leutnant Sandeman und ich geschickt wurden. Wir galoppierten mehrere Meilen, ohne auf mehr als ein paar verstreute Gruppen zu stoßen, und begannen zu glauben, dass die gemeldete Flucht der „ Pandies " ein Fehlalarm war, als plötzlich die Zahl der Flüchtlinge zunahm und wir uns plötzlich mitten unter ihnen befanden. Mit Ausnahme einiger Männer von Rang auf Elefanten waren sie alle zu Fuß unterwegs. Ihre Reiter waren uns völlig entkommen. Unser Vorankommen wurde nun langsamer, da wir in eine Reihe von „Gefechten" verwickelt waren, und bald darauf trafen der Rest des Regiments sowie das 7. Husarenregiment und der Militärzug ein.

Obwohl wir die Rebellen schon spät einholten, fügten wir ihnen dennoch ein schweres Gemetzel zu. Dabei erlitten wir selbst kaum Schaden, bis unser Regiment spät am Tag, fast am Ende der Verfolgung, einen irreparablen Verlust erlitt, der gleich berichtet wird.

Wir hatten uns, wie üblich bei ähnlichen Gelegenheiten, in kleine Gruppen und einzelne Personen aufgeteilt, als ich links vor mir einen kräftigen Schurken bemerkte, der seiner Kleidung nach ein abgesessener Kavallerist zu sein schien, der mit einer Muskete auf der Schulter daherschlich und mürrisch das Weglaufen verachtete. Ihn markierte ich als meine Beute und rannte hinter ihm her. Als ich aber nur noch wenige Meter von ihm entfernt war, drehte er sich um und deckte mich mit seiner Muskete, wobei er sich gleichzeitig in sehr energischen Ausdrücken des Beleidigens und der Herausforderung äußerte. Diese kompromisslose Haltung seinerseits ließ mich denken, dass es klüger wäre, auf ihn zu schießen, als zu versuchen, ihn mit dem Säbel zu erschlagen. Also drehte ich mich nach links und umkreiste ihn rechts, gab mein Schwert zurück und zog meinen Revolver. Während dieser ganzen Zeit hielt er seine Stellung, drehte sich langsam um die eigene Achse und hörte nie auf, meine Bewegungen mit seinem Ziel zu verfolgen. Aber er hielt sich mit dem Feuer zurück, denn zweifellos dachte er kühl, dass er mir ausgeliefert sein würde, wenn er mich verfehlte. Ich leerte jede einzelne Trommel meines Revolvers auf ihn, und jedes Mal ohne ihn zu treffen. Zwischen seinen Beinen – unter seinen Armen – an seinem Kopf vorbei flogen meine Kugeln, bis alle sechs verschossen waren. Mir blieb nichts übrig, als in sichere Entfernung davonzugaloppieren, nachzuladen und das Experiment zu wiederholen oder auf meinen Degen zu vertrauen und ihn anzugreifen. Ich wage zu behaupten, dass ich mich für die erstere Alternative entschieden hätte, wenn keine Zeugen in der Nähe gewesen wären ; aber es waren viele Männer des Regiments in der Nähe, und pure Scham hielt mich davon ab; also gab ich die nutzlose Pistole zurück, zog meinen Degen und rannte mit klopfendem Herzen direkt auf ihn zu. Als ich meinen Arm zum Schlag hob, drückte er ab. Ich beugte mich auf der nahen Seite halb aus dem Sattel, entkam der Kugel und versetzte ihm mit aller Kraft einen Hieb auf den Kopf, der ihn zu Boden warf. Obwohl tödlich verwundet, war er nicht tot; und er tastete in seinem *Kummerbund* nach einem Revolver, der herausragte; also stieg ich ab, und als er – benommen und geblendet – die Pistole aus seinem Gürtel zog, packte ich ihn am Handgelenk und zielte harmlos in die Luft. Dann riss ich ihm die Waffe aus der Hand und benutzte eine andere Waffe, um ihn von seinen Schmerzen zu erlösen. Dieser Revolver wurde später als der eines Offiziers namens Thackwell identifiziert , wenn ich mich recht erinnere, der einige Tage zuvor in der Stadt getötet worden war, als man ihn von seinen Kameraden getrennt hatte.

Kurze Zeit nach diesem Vorfall sah ich weit weg zu unserer Linken eine kleine Gruppe von Flüchtlingen, die auf ein ummauertes Dorf zusteuerten, und es kam mir in den Sinn, mit meinem Lancaster-Gewehr, das mein Pfleger immer bei sich trug, einen Fernschuss auf sie zu versuchen ein Gürtel um die Schulter gehängt; Also drehte ich mich um und fragte danach, aber der Pfleger war nicht zu sehen, und einige der anderen Männer sagten: „Weißt du nicht, Sahib, dass dein Pfleger getötet wurde?" "Getötet!" rief ich aus. „Wann? Ist er mir nicht die ganze Zeit gefolgt?" Dann erfuhr ich zum ersten Mal, dass der treue Kerl, der mir beim Angriff auf den Sepoy dicht auf den Fersen gewesen sein musste, dessen Anwesenheit ich in meiner Aufregung aber überhaupt nicht bemerkt hatte, von der Kugel in der Brust getroffen worden war dem ich so knapp entkommen war und bei dem man gesehen hatte, dass er stürzte. Ich konnte dann nicht zur tödlichen Stelle zurückkehren, aber ich schickte sofort ein paar Männer zurück, um den armen Kerl zu finden und, falls er noch am Leben sein sollte, einen Doolie zu holen und ihn zum Krankenhauszelt im Lager zu tragen.

Wir setzten die Verfolgung mehrere Meilen lang fort, bis wir den Vorsprung, den wir erreicht hatten, anscheinend erschöpft hatten – um den Begriff eines Bergmanns zu verwenden. Wir wollten die Verfolgung gerade aufgeben, als ein einsamer Flüchtling von der anderen Seite einer Schlucht aus mit seiner Muskete auf eine Gruppe unserer Offiziere feuerte. Er muss auf denjenigen gezielt haben, der ihm aufgrund seines vollen braunen Barts und seines offensichtlichen Alters als der Wichtigste und wahrscheinlichste Kommandant erschien. Dieser Schuss kostete uns das Leben unseres tapferen Kommandanten. Der tapfere Captain Wale fiel, tödlich verwundet von zwei Kugeln, von denen eine durch seinen Bart in seine Kehle, die andere in seinen Mund drang. Er war sofort gerächt, denn als der Rebellen-Sepoy sich zur Flucht umdrehte, fiel auch er tot um, ins Rückgrat getroffen von einer Kugel aus dem Revolver von Captain Chichester.

Wenige Minuten später hauchte der arme Wale zum großen Kummer seiner Offiziere und Mannschaften, die ihn so sehr liebten wie nur wenige kommandierende Offiziere, seinen letzten Atemzug. Von hinten wurde ein Doolie geholt, sein Leichnam hineingelegt und ehrfurchtsvoll zurück ins Lager getragen. Voller Kummer suchte ich nun den Ort, an dem mein unglücklicher Pfleger sein Schicksal gefunden hatte. Meine schlimmsten Befürchtungen wurden wahr. Er war tot. Sein Körper war von den Männern, die ich losgeschickt hatte, um ihn zu suchen, nicht gestört worden, und er lag auf dem Rücken, das Gewehr unter sich, mit einem Loch in der Lederschlinge, genau dort, wo es über dem Herzen kreuzte. In der Nähe lag die Leiche des Sepoy.

Unsere Rückkehr ins Lager an diesem Tag war sehr traurig. Kaum hatte ich die Decke , in der die Leiche meines armen Ordonnanzoffiziers lag, vor mein Zelt gelegt, als sein Vater, ein feiner alter Sikh, der ebenfalls Sowar im Regiment war und der bei dieser Gelegenheit im Lager geblieben war und von unseren Verlusten überhaupt nichts wusste, mit einem Lächeln auf seinem hübschen alten Gesicht auf mich zukam und nach seinem Sohn fragte. Mein Herz war zu voll, um zu sprechen. Ich konnte nur auf die Decke zeigen , deren Vorhänge geschlossen waren. Er hob einen davon hoch, schaute hinein und erkannte seinen Verlust. Der stolze alte Soldat verhärtete sein Gesicht, richtete sich auf, salutierte vor mir und sagte: „Der ‚ Nokri ‘ (Dienst) meines Sohnes ist vorbei. Lassen Sie mich seinen Platz einnehmen. Ich werde jetzt Ihr Ordonnanzoffizier sein, Sahib." Ich schäme mich nicht zu sagen, dass mich diese rührende Tat einfacher, ungekünstelter spartanischer Tapferkeit völlig entmutigte.

Die Überreste des tapferen Kapitäns Wale ruhen im Moosabagh , einem ummauerten Garten, der früher den Nawabs von Oudh gehörte, aber von der britischen Regierung von Wajid Ali, dem letzten dieser Rasse, beschlagnahmt wurde. Die massiven Mauern, Türme und Tore des einstigen königlichen Palastes verfallen nun rasch in Ruinen. Der riesige Garten, der einst darin blühte, ist heute eine Wildnis aus Dornen und Dschungelbäumen, durchsetzt mit schlecht gepflegten Anbauflächen. Alles zeugt von Verfall und Vernachlässigung, außer dem Grab selbst und seiner kleinen ummauerten Einfriedung, die ich am 4. Januar 1891 zu meiner Freude in perfektem Zustand vorfand und deutliche Anzeichen sorgfältiger Aufmerksamkeit seitens der Bezirksbehörden erkennen ließ. Etwa eine Achtelmeile hinter dem vierten Meilenstein auf der Straße Lucknow-Bareilly und etwa eine Meile rechts liegt der Moosabagh , in dem sich unter den ausgebreiteten Armen eines schönen alten Mangobaums das einsame Grab befindet, das darauf ruht die folgende Inschrift: –

„Geheiligt zur Erinnerung an Kapitän F. Wale, der die 1. Sikh-Unregelmäßigkeitskavallerie aufstellte und befehligte. Am 1. März 1858 in Lucknow im Kampf getötet. Dieses Denkmal wurde von Kapitän LB Jones, amtierender Kommandant der 1. Sikh-Unregelmäßigkeitskavallerie, errichtet , als Zeichen der Wertschätzung für diesen Offizier, den er sowohl als Freund als auch als Soldat bewunderte. Kapitän Wale lebte und starb als christlicher Soldat.

Die ursprüngliche Bezeichnung der 1. irregulären Sikh-Kavallerie ist von der *Armeeliste verschwunden* . Es ist jetzt als 11. (Prince of Wales' Own) Bengal Lancers bekannt. Während dieses angesehene Regiment weiter existiert – und möge das so lange dauern wie das Britische Empire selbst! –, wird der Vorname, der auf seiner Musterliste steht, der seines Gründers und ersten Kommandeurs, des tapferen Kapitäns Wale, unvergänglich mit seinen Annalen verbunden sein .

IX.
DER TOD EINES HELDEN.

Nicht lange nachdem ich den sterblichen Überresten meines geliebten Kommandeurs zu Grabe getragen hatte, erlitt ich das Unglück, von einem schweren Wechselfieberanfall niedergestreckt zu werden und für sechs Monate in die Berge krankenversichert zu werden.

Bevor ich diese kurzen Memoiren abschließe , muss ich mein Versprechen einlösen und erzählen, wie mein lieber Kamerad und ehemaliger kommandierender Offizier, Captain Sanford, sein Leben verlor.

Futtehgarh getötet worden war , und das Kommando über eine Abteilung der 5. Punjab-Kavallerie übernommen, die Teil der berittenen Brigade unter Sir Hope Grant war und während der Operationen im März 1858 am linken Ufer des Goomti den Truppen von Sir James Outram zugeteilt war . Am 10. März wurde die Kavalleriebrigade auf dem Rückweg von einer Erkundung von einer kleinen Gruppe Rebellen beschossen. Sir Hope Grant befahl Captain Sanford, diese Männer anzugreifen; doch bevor er sie einholen konnte , hatten sie den Schutz eines Dorfes erreicht, das Sanford persönlich erkunden wollte , bevor er seine Männer hineinführte. Er ließ sie daher absteigen und ließ sie draußen zurück, während er ohne einen einzigen Begleiter in den Ort eindrang. Er kletterte auf das Flachdach eines Hauses und ging weiter zu einer niedrigen Mauer, die es vom Dach des nächsten Hauses trennte. Er muss über diese Mauer gesprungen sein, als er sich vor den Schießscharten eines höheren Gebäudes nur wenige Meter von ihm entfernt wiederfand. Aus diesen Schießscharten blitzte eine Salve, und er fiel, von einer Kugel in die Stirn getroffen. So endete ein Leben, das bis zu diesem Moment wie ein Zauberleben gewirkt hatte. Immer völlig rücksichtslos gegenüber seiner eigenen Sicherheit, während er gegenüber anderen übermäßig rücksichtsvoll war – ein großartiger Reiter – ein vollendeter Meister der Schwertkunst – hatte er sein Leben bisher triumphierend und fröhlich durch hundert Gefahren getragen. Seine erste Wunde war seine letzte. Am Tag vor seinem Sturz hatte er in der *Gazette* die Ankündigung seiner Beförderung zum Brevet Major für ausgezeichnete Verdienste vor Delhi gelesen: und zweifellos war sein Herz voller Soldatenstolz und Hoffnung auf noch glänzendere Ehre, als die tödliche Kugel es plötzlich und für immer zum Schweigen brachte.

Da er nicht zurückkehrte, befürchtete man das Schlimmste; und ein tapferer junger Offizier meldete sich freiwillig, um nach ihm zu suchen. Mit ihm gingen zwei von Sanfords Männern. Sie folgten dem Weg, den er eingeschlagen hatte, hatten aber kaum das Dach des Hauses erreicht, als eine weitere Salve beide Sauen niederstreckte, einen tötete und den anderen verwundete. Der Beamte zerrte den Verwundeten sofort aus dem Haus, kehrte dann zurück und brachte die Leiche seines Kameraden weg. Erneut begann er seinen heldenhaften Auftrag, begleitet von zwei neuen Freiwilligen. Während der letzten kurzen Episode war ihm aufgefallen, dass die Schießscharten in dem hohen Gebäude so geschnitten waren, dass die Mündungen der Musketen seiner Bewohner nicht in einem sehr spitzen Winkel niedergedrückt werden konnten. Er ließ nun seine beiden Männer am Fuß der Hauswand zurück und kletterte selbst auf das Dach. Er warf sich flach auf den Bauch und kroch zu der niedrigen Trennwand, hinter der Kapitän Sanfords Leiche lag. Als er darüber sprang und sich erneut flach warf, wurde eine Salve abgefeuert, die ihn jedoch verfehlte. Seine Vermutung erwies sich als richtig. Während er dalag, konnten die Musketen der Rebellen nicht niedergedrückt werden, um ihn zu treffen. Also kroch er an den Körper heran und erreichte die niedrige Mauer, indem er ihn mit sich zog. Mit aller Kraft hob er es hoch und stürzte mit ihm auf die andere Seite, wobei er der eiligen Salve, die ihn verfolgte, unversehrt entkam. In wenigen Sekunden war er mit seiner heiligen Last wieder in Sicherheit. Dann kam es zu einem klugen kleinen Kampf. Das Dorf wurde gestürmt und jeder einzelne Rebellen wurde getötet. Der junge Held, dessen Geschichte ich erzählt habe, wurde von Sir Hope Grant für das Victoria-Kreuz empfohlen, und ich habe keinen Zweifel daran, dass meine Leser mir darin zustimmen werden, dass er es wohlverdient hatte, aber es wurde ihm nicht verliehen.

Obwohl ich kein Augenzeuge der oben beschriebenen Ereignisse war und daher nicht aus persönlicher Kenntnis für die genaue Richtigkeit aller Einzelheiten bürgen kann, kann sich der Leser durchaus auf die grundsätzliche Richtigkeit der Beziehung verlassen: denn ich habe sie so wiederholt wurde mir damals gesagt; und so sehr ich mich für alles interessierte, was mit dem Schicksal eines so lieben Freundes wie Sanford zu tun hatte, brannte sich die Geschichte in mein Gedächtnis ein. Darüber hinaus habe ich kürzlich eine zufriedenstellende Bestätigung dafür gesucht und erhalten.

Etwa 150 Meter rechts von der Straße Lucknow- Fyzabad und etwa 100 Meter hinter der Brücke, wo diese Straße den Gokral Nullah überquert, steht in einem kleinen ummauerten Gehege ein Obelisk. Auf einer in den Obelisken eingelassenen weißen Marmortafel steht folgende Inschrift: „Unter diesem Denkmal ruhen die sterblichen Überreste von Charles Sanford, dem ehemaligen Captain der 3. Bengal Light Cavalry, der am 10. März 1858 bei einem Angriff auf eine befestigte Stelle in der Nähe von Lucknow tapfer eine Truppe abgesessener Punjab-Kavallerie anführte und dabei den Tod eines Soldaten fand.“

„Fremder: Respektiere die einsame Ruhestätte der Tapferen!“

Eine Tafel an der Wand des Geheges besagt, dass es am 17. Januar 1878 von Reverend Ralph, Bischof von Kalkutta, geweiht wurde.

Wahrlich, eine einsame Ruhestätte für die Asche eines Helden. Ein einsamer Baum markiert die Stelle auf der kahlen, braunen Ebene, deren öde Oberfläche von kleinen Schluchten durchzogen ist, die sich bis zum Gokral Nullah hinabziehen. Nicht weit entfernt liegt ein Dorf, wahrscheinlich das, in dem der tapfere Sanford fiel. Ein breites, kultiviertes Tal, durch das der gewundene Fluss Goomti wie eine riesige Schlange mit seinen trägen Falten rollt, füllt im Süden den Vordergrund der Landschaft. Jenseits der Felder, durch den fernen Dunst, erheben sich, eingehüllt in Baumhaine, die Kuppeln und Minarette von Lucknow – eine wunderschöne und ruhige Szene –, die die Vision des Dichters von einem „Ort des alten Friedens" verwirklicht.

Dies ist jetzt die Umgebung des heiligen Ortes, an dem vor fast dreiunddreißig Jahren seine letzte Ruhestätte gefunden wurde, während die Luft vom Rauch der Schlacht erfüllt war, alles, was dem heldenhaften Charles Sanford zum Opfer fallen konnte.